Über den Autor

Max Lucado ist Pastor der *Oak Hills Church* in San Antonio, Texas. Er ist verheiratet, Vater von drei Töchtern und Autor mehrerer Bücher. Die Zeitschrift *Christianity Today* zählt ihn zu den bekanntesten christlichen Autoren Amerikas. Tatsächlich erreichten seine Bücher bisher eine Gesamtauflage von über 50 Millionen Exemplaren und gewannen einige Preise.

Seit 1991 ist Max Lucado auch im Hörfunk engagiert. Die Radiosendung „Upwords", in der er jede Woche mit aktuellen Kurzpredigten zu hören ist, kann man auf über 1.200 Radiostationen rund um die Welt empfangen.

Max Lucado

Leben ohne Angst

Lass die Sorgen hinter dir

Max Lucado

Leben ohne Angst

Lass die Sorgen hinter dir

Aus dem Amerikanischen übersetzt von Elke Wiemer

GerthMedien

FSC
Mix
Produktgruppe aus vorbildlich
bewirtschafteten Wäldern und
anderen kontrollierten Herkünften

Zert.-Nr. SGS-COC-001940
www.fsc.org
© 1996 Forest Stewardship Council

Verlagsgruppe Random House FSC-DEU-0100
Das FSC-zertifizierte Papier *Super Snowbright* für dieses Buch
liefert Hellefoss AS, Hokksund, Norwegen.

Die Edition „Neues Leben" wird herausgegeben von Rainer Schacke. Sie erscheint in Zusammenarbeit mit dem Magazin „Neues Leben" (Altenkirchen/Berlin).

Das amerikanische Original erschien im Verlag Thomas Nelson, Nashville, Tennessee,
unter dem Titel „Fearless".

Die Bibelzitate wurden, sofern nicht anders angegeben, der Gute Nachricht Bibel,
revidierte Fassung, durchgesehene Ausgabe in neuer Rechtschreibung,
© 2000 Deutsche Bibelgesellschaft, Stuttgart, entnommen.
Darüber hinaus wurden verwendet:
Lutherbibel, revidierter Text 1984, durchgesehene Ausgabe in neuer Rechtschreibung,
© 1999 Deutsche Bibelgesellschaft, Stuttgart (LÜ)
Revidierte Elberfelder Bibel, © 1985, 1992 R. Brockhaus Verlag, Witten (ELB)
Hoffnung für alle – Die Bibel, durchgesehene Ausgabe in neuer Rechtschreibung,
© 1986, 1996, 2002 by International Bible Society, USA.
Übersetzt und herausgegeben durch: Brunnen Verlag Basel, Schweiz (Hfa)
Einheitsübersetzung der Heiligen Schrift, © 1980 Katholische Bibelanstalt, Stuttgart.
Durchgesehene Ausgabe in neuer Rechtschreibung,
© 1999 Verlag Katholisches Bibelwerk GmbH, Stuttgart (EÜ)
Neues Leben. Die Bibel, © 2002 und 2006 SCM R. Brockhaus
im SCM-Verlag GmbH & Co. KG, Witten (NL)

1. Auflage Januar 2010
2. Auflage September 2010
Bestell-Nr. 816 469
ISBN 978-3-86591-469-9

Umschlaggestaltung: Michael Wenserit; James W. Hall, JWH Graphic Arts
Umschlagfoto: Jeremy Cowart, istock
Lektorat und Satz: Nicole Schol
Druck und Verarbeitung: GGP Media GmbH, Pößneck
Printed in Germany

Inhalt

Kapitel 1
Warum haben wir Angst? 7

Kapitel 2
Die Bewohner von Stelzendorf 21

Kapitel 3
„Gott ist sauer auf mich" 31

Kapitel 4
Not, verschwinde! 42

Kapitel 5
„Mein Kind ist in Gefahr!" 52

Kapitel 6
„Hilfe, ich gehe unter!" 64

Kapitel 7
„In meinem Schrank ist ein Ungeheuer!" 75

Kapitel 8
Grausamer Planet Erde 88

Kapitel 9
Spielgeld 98

Kapitel 10
Todesangst 110

Kapitel 11
Ein Leben voller Überraschungen 120

Kapitel 12
Leise Zweifel 130

Kapitel 13
Und wenn es noch schlimmer kommt? 142

Kapitel 14
Die einzige „gesunde“ Furcht 154

Schlussbemerkungen
Williams Psalm 165

Gesprächsleitfaden 171

Anmerkungen 219

Kapitel 1

Warum haben wir Angst?

„Warum habt ihr solche Angst, ihr Kleingläubigen?"
Matthäus 8,26 (EÜ)

Sie hätten meinen Bruder gemocht. Alle mochten ihn. Dee schloss Freundschaften, wie Bäcker leckere Brötchen backen: täglich, wie am Fließband, mit ganzer Leidenschaft. Dank seines herzlichen Händeschüttelns und seines explosiven, ansteckenden Lachens blieb niemand lange ein Fremder. Ich, der schüchterne, kleine Bruder, verließ mich immer ganz auf ihn, wenn es darum ging, neue Leute kennenzulernen. Wenn eine neue Familie in unsere Straße zog oder ein Neuling auf dem Spielplatz auftauchte, war Dee das Empfangskommando.

Aber als Teenager machte er mit jemandem Bekanntschaft, den er besser nicht hätte kennenlernen sollen – einen Mann, der Bier an Minderjährige verkaufte. Der Alkohol hatte mit uns beiden leichtes Spiel, aber während er mich bloß umgarnte, fesselte er ihn. Und die nächsten vier Jahrzehnte ertränkte mein Bruder seine Gesundheit, seine Beziehungen, seine Arbeitsstelle, seine Finanzen und sein gesamtes Leben im Alkohol – mit Ausnahme der beiden letzten.

Niemand weiß, warum man Dinge, die man sich vornimmt, manchmal tut und manchmal nicht. Jedenfalls entwickelte mein Bruder im Alter von vierundfünfzig Jahren eine ungeheure Willenskraft und erlebte noch einmal eine Zeit, in der er völlig frei vom Alkohol war. Er goss den Inhalt aller Flaschen in den Ausguss, brachte seine Ehe in Ordnung, kittete die Beziehung zu seinen Kindern und ging zu den Anonymen Alkoholikern statt in die Spirituosenabteilung des Supermarktes. Aber sein alter Lebensstil hatte seinen Tribut gefordert. Drei Jahrzehnte lang drei Päckchen Zigaretten am Tag hatten sein großes Herz ruiniert.

Eines Abends im Januar – es war die Woche, in der ich mit dem Schreiben dieses Buches begann – teilte er seiner Frau Donna mit, dass er nicht mehr richtig Luft bekam. Da er wegen ähnlicher Probleme ohnehin schon einen Arzttermin hatte, beschloss er, einfach schlafen zu gehen. Aber er schlief nicht gut, und als er um vier Uhr morgens aufwachte, hatte er solche Schmerzen in der Brust, dass seine Frau den Notarzt rief. Als die Sanitäter ihn in den Krankenwagen luden, sagten sie Donna, sie solle ins Krankenhaus kommen. Mein Bruder winkte ihr müde zu, lächelte tapfer und meinte noch, sie solle sich keine Sorgen machen. Aber als sie mit einem seiner Söhne im Krankenhaus ankam, war er bereits gestorben.

Der diensthabende Arzt überbrachte ihnen die Nachricht und ließ sie in den Raum, in dem Dees toter Körper lag. Die beiden hielten sich aneinander fest, als sie durch die Türe gingen und Dees Abschiedsgruß entdeckten. Eine seiner Hände lag auf dem Oberschenkel – Mittel- und Ringfinger gebeugt und Daumen, Zeigefinger und kleiner Finger gestreckt – das internationale Gebärdenzeichen für „ich liebe dich".

Ich habe versucht, mir die letzten Augenblicke im Leben meines Bruders vorzustellen: Er lag in einem Krankenwagen, der in finsterster Nacht über eine texanische Schnellstraße raste, um ihn herum hektisch agierende Sanitäter, und sein Herz wurde zunehmend schwächer. Er rang um jeden Atemzug und merkte irgendwann, dass es nicht mehr viele sein würden. Aber anstatt in Panik zu verfallen, nahm er all seinen Mut zusammen.

Vielleicht brauchen auch Sie Mut. Ein Krankenwagen ist nämlich nicht der einzige Ort, an dem man tapfer sein muss. Sie haben vielleicht noch nicht den letzten Atemzug erreicht, aber dafür die letzte Gehaltszahlung, die letzte Idee zur Lösung eines Problems oder das letzte bisschen Glauben. Jeden Morgen, wenn die Sonne aufgeht, scheint es neue Gründe dafür zu geben, sich zu fürchten.

Wenn man den Fernseher einschaltet, hört man von Entlassungen, Wirtschaftskrise, Unruhen im Nahen Osten, der Geldgier auf den Führungsebenen von Unternehmen, einer Talfahrt des Wohnungsmarktes, globaler Erwärmung, neuen Al-Kaida-Terrorzellen. Irgendein geistesgestörter Diktator sammelt Atomwaffen wie andere Menschen gute Weine. Spanien-Urlauber bringen sich die Schweinegrippe mit nach Hause. Das Schreckgespenst unserer Zeit, der Terrorismus, kommt vom Lateinischen *terrere*, was „erschrecken" bedeutet. Wir werden mit so vielen Schreckensnachrichten überschüttet, dass vor jeder Nachrichtensendung eigentlich der Hinweis eingeblendet werden müsste: „Achtung, die nachfolgende Sendung sollten Sie sich nur in einem Bunker auf Island ansehen."

Wir haben Angst, verklagt zu werden, Letzter zu werden, pleitezugehen. Der Leberfleck auf unserem Rücken, die neuen Nachbarn, die Uhr, die uns mit jedem Ticken dem Ende näher bringt – alles macht uns Angst. Wir entwickeln immer ausgeklügeltere Geldanlagen und Sicherheitssysteme und wollen die Polizeipräsenz verstärken, und dabei nehmen wir gleichzeitig mehr Stimmungsaufheller als jede andere Generation. Ja, „heutzutage haben gesunde Kinder mehr Angst als Psychiatrie-Patienten in den 1950er Jahren"[1].

Es scheint, als sei die Angst ins Nachbarhaus eingezogen und hätte sich dort häuslich niedergelassen. Die Furcht vor den Dingen ist überdimensional und nicht gerade nett und teilt sich den Raum in unserem Herzen nicht gern mit der Freude. Und so gibt die Freude nach. Haben Sie die beiden schon jemals zusammen erlebt? Kann man zugleich glücklich sein und sich fürchten? Oder klar denken und sich fürchten? Oder selbstbewusst sein und sich fürchten? Oder gnädig sein und sich fürchten? Nein. Die Angst ist wie die Schlägertypen in der Schule: fies, laut und unproduktiv. Die Angst macht viel Lärm, nimmt viel Raum ein, bringt aber nichts.

Die Angst hat nie eine Symphonie oder ein Gedicht verfasst, einen Friedensvertrag ausgehandelt oder eine Krankheit geheilt. Die Angst hat noch keine Familie aus der Armut geholt und kein Land vom Fanatismus befreit. Die Angst hat noch keine Ehe und keine Firma gerettet. Der Mut kann das. Der Glaube kann das. Menschen, die sich ihrer Ängstlichkeit nicht beugen und nicht auf sie hören, können das. Aber die Angst? Sie sperrt uns in ein Gefängnis und lässt hinter uns die Tür ins Schloss fallen.

Wäre es nicht großartig, wenn wir einfach herauskommen könnten?

Stellen Sie sich vor, Sie könnten ein Leben führen, das frei ist von Angst. Was wäre, wenn Sie auf Bedrohungen grundsätzlich mit Glauben statt mit Angst reagieren würden? Was wäre, wenn Sie einen Angst-Magneten besäßen, mit dem Sie auch den letzten Rest Furcht, Unsicherheit und Zweifel aus Ihrem Herzen ziehen könnten? Stellen Sie sich einen Tag vor, nur einen einzigen Tag, ohne sich davor zu fürchten, zu versagen, abgelehnt zu werden, oder die Angst vor Unheil. Können Sie sich ein Leben ohne Angst vorstellen? Genau dieser Gedanke steht hinter Jesu Frage: „Warum habt ihr solche Angst, ihr Kleingläubigen?“ (Matthäus 8,26; EÜ).

Spontan fragen wir uns wahrscheinlich, ob Jesus das ernst gemeint hat. Vielleicht wollte er die Jünger nur aufziehen, frotzeln, einen Witz machen. So wie der eine Schwimmer den anderen fragt, warum er denn nass ist. Aber Jesus hat nicht gegrinst, er war todernst.

Genau wie die Männer, denen er diese Frage stellte. Ein plötzlich auftretender Sturm hatte nämlich aus ihrem abendlichen Segeltörn einen Horrortrip gemacht.

Einer von ihnen beschreibt seine Erinnerung daran folgendermaßen: „Jesus stieg in das Boot und seine Jünger folgten ihm. Als sie auf dem See waren, kam ein schwerer Sturm auf, und die Wellen drohten, das Boot unter sich zu begraben" (Matthäus 8,23–24).

Das sind Matthäus' Worte. Er erinnerte sich noch sehr genau an den tosenden Sturm und das schaukelnde Boot und wählte seine Worte sehr bewusst. Er konnte nicht irgendwelche Worte verwenden, sondern holte sein griechisches Wörterbuch aus dem Regal und suchte nach einer passenden Beschreibung, die die Urgewalt der Wellen wiedergab. Er überblätterte die gewöhnlichen Ausdrücke wie „Regenschauer", „Windbö", „Wolkenbruch" oder „Platzregen". Sie gaben nicht das wieder, was er in jener Nacht gesehen und gespürt hatte: Die Erde grollte und das ferne Ufer schien zu beben. In seiner Erinnerung waren es mehr als nur ein starker Wind und Schaumkronen auf den Wellen gewesen. Er fuhr mit dem Finger die Reihe der Synonyme entlang bis zu einem Wort, das seine Erfahrung genau wiedergab: „Ah, hier haben wir es." *Seismos* – ein Beben von Himmel und Wasser. „Ein großes *Seismos* kam über den See."

Das Wort hat bis heute einen Platz in unserem Sprachgebrauch. Ein Seismologe untersucht Erdbeben, ein Seismograf misst ihre Stärke, und Matthäus hatte gemeinsam mit den anderen Jüngern ein Beben erlebt, das sie bis in ihr Innerstes erschütterte. Er verwendete dieses Wort nur bei zwei anderen Gelegenheiten: als bei Jesu Tod Golgatha erbebte (Matthäus 27,51–54) und als bei Jesu Auferstehung die Erde am Grab bebte (Matthäus 28,2). Offensichtlich rangiert die Sturmstillung auf dem gleichem Niveau mit diesen anderen erschütternden Ereignissen und bildet mit ihnen eine Trilogie: am Kreuz der Sieg über die Sünde, am Grab der Sieg über den Tod und auf dem See der Sieg über die Angst.

Plötzlich auftretende Angst. Wir wissen, dass die Angst sie plötzlich überkam, weil auch der Sturm plötzlich aufzog. In der „Hoffnung für alle"-Übersetzung heißt es: „Mitten auf dem See brach plötzlich ein gewaltiger Sturm los."

Nicht alle Stürme kommen so plötzlich. Farmer in der Graslandschaft Amerikas können an den Wolkenformationen schon Stunden, bevor der erste Regen fällt, erkennen, dass ein Gewitter aufzieht. Aber dieser Sturm überfiel die Jünger wie ein Löwe, der plötzlich aus dem Gebüsch springt. Gerade hatten sie noch friedlich Karten gespielt, und auf einmal schlugen ihnen die Wellen ins Gesicht.

Petrus und Johannes, erfahrene Seeleute, kämpften mit dem Segel, Matthäus, die Landratte, kämpfte mit seiner letzten Mahlzeit. Mit diesem Sturm hatte der Zöllner nicht gerechnet. Können Sie seine Überraschung zwischen den Zeilen lesen? „[Jesus] stieg in das Boot und seine Jünger folgten ihm. Plötzlich brach auf dem See ein gewaltiger Sturm los, sodass das Boot von den Wellen überflutet wurde" (Matthäus 8,23–24; EÜ).

Irgendwie hofft man auf einen fröhlicheren Satz, auf positivere Auswirkungen des Gehorsams. „Jesus stieg in das Boot und seine Jünger folgten ihm. Plötzlich erschien ein großer Regenbogen am Himmel, ein Taubenschwarm flog über ihre Köpfe, und ihr Boot spiegelte sich in dem glasklaren Wasser." Ist die Nachfolge denn nicht eine einzige Kreuzfahrt durch die Karibik? Nein. Diese Geschichte macht unmissverständlich deutlich: Wer mit Jesus zusammen ins Boot steigt, kann auch mit Jesus zusammen nass werden. Jesu Jünger müssen mit rauer See und starkem Gegenwind rechnen. „In der Welt seid ihr [nicht ‚vielleicht' oder ‚möglicherweise'] in Bedrängnis" (Johannes 16,33; EÜ; Anmerkung in Klammern vom Autor).

Christus-Nachfolger bekommen Malaria, müssen ihre Kinder beerdigen, kämpfen gegen Abhängigkeiten, und deshalb erleben sie Ängste. Was uns von Menschen unterscheidet, die nicht mit Jesus unterwegs sind, ist nicht, dass es in unserem Leben keine Stürme gibt, sondern wen wir im Sturm entdecken: einen unerschütterlichen Jesus.

„Jesus aber schlief" (Vers 24; EÜ).

Welch ein Anblick. Die Jünger schreien laut auf vor Angst und Jesus träumt sanft. Der Donner kracht, aber Jesus wird nicht wach. Er hält nicht nur ein Nickerchen oder döst so vor sich hin. Er schläft tief und fest. Könnten Sie in dieser Situation schlafen? Könnten Sie ein Nickerchen machen, wenn Sie in einer Achterbahn gerade einen Looping fahren? Oder im Windkanal? Oder neben einer Pauke? Jesus schläft, selbst wenn alle diese Dinge sich gleichzeitig ereignen würden!

Markus fügt in seinem Evangelium noch ein interessantes Detail hinzu: „[Jesus] aber lag hinten im Boot auf einem Kissen und schlief" (Markus 4,38; EÜ). „Hinten im Boot" und auf einem „Kissen". Warum war Ersteres so wichtig und woher kam Letzteres?

Damals im ersten Jahrhundert unserer Zeitrechnung verwendeten Fischer große, schwere, geknüpfte Netze. Um die Netze an Bord zu verstauen, baute man ins Heck der Boote eine Nische. Hinten *auf* dem Deck zu schlafen, war unpraktisch, da man keinen Platz und keinen Schutz hatte. Aber in dieser kleinen Nische unter Deck fand man beides. Es war der einzige geschlossene und geschützte Bereich an Bord. Also verkroch sich Jesus, da er von einem langen, turbulenten Tag müde war, unter Deck, um ein wenig zu schlafen.

Er legte seinen Kopf aber nicht auf ein weiches Daunenkissen, sondern auf einen ledernen Sandsack. Ein Ballastsack, wie ihn die Fischer im Mittelmeer heute noch benutzen. Sie wiegen etwa einen Zentner und dienen als Ballast oder um das Schiff zu stabilisieren.[2] Hatte Jesus das Kissen mit nach hinten genommen, um zu schlafen, oder schlief er so tief, dass jemand ihm das Kissen unterschob, damit er es etwas bequemer hatte? Wir wissen es nicht. Aber eines wissen wir: Er hatte vorgehabt zu schlafen. Er war nicht unabsichtlich eingenickt. Im vollen Bewusstsein des herannahenden Sturmes beschloss Jesus, dass es Zeit war, Siesta zu machen. Er kroch in das Bootsheck, legte seinen Kopf auf das Kissen und schlummerte sanft und süß ein.

Die Jünger waren ganz aufgebracht, als sie ihn schlafen sahen. Matthäus und Markus geben ihre Reaktionen in drei kurzen Ausrufen und einer Frage wieder.

Die Ausrufe: „Rette uns! Herr! Wir gehen unter!" (Matthäus 8,25).

Die Frage: „Lehrer, kümmert es dich nicht, dass wir untergehen?" (Markus 4,38).

Sie fragen nicht nach Jesu Macht: „Kannst du diesen Sturm stillen?" Oder nach seiner Weisheit: „Bemerkst du den Sturm?" Oder nach seinem Können: „Hast du schon mal Erfahrungen mit Stürmen gemacht?" Stattdessen äußern sie Zweifel an seinem Wesen: „Kümmert es dich gar nicht …?"

Das macht die Angst mit uns. Die Angst nagt an unserem Vertrauen in Gottes Güte. Wir beginnen, uns langsam zu fragen, ob Gott tatsächlich so gut ist, wie er zu sein behauptet. Wenn Gott schläft, während in unserem Leben Stürme toben, wenn er die Augen schließt, wenn unsere vor Schreck weit aufgerissen sind, wenn er den Sturm zulässt, wo wir ihm doch ins Boot gefolgt sind – sind wir ihm dann wirklich wichtig? Die Angst löst jede Menge Zweifel aus, die uns wiederum wütend machen.

Und wir wollen schnell wieder alles unter Kontrolle bekommen. „Unternimm was gegen den Sturm!“, heißt die versteckte Aufforderung hinter der Frage. „Bring das in Ordnung oder ... oder ... oder mach irgendwas!“ Angst ist im Grunde nichts anderes als das Bewusstsein, dass man die Kontrolle verloren hat. Wenn im Leben alles drunter und drüber geht, versuchen wir, uns an irgendeinen Aspekt unseres Lebens zu klammern, den wir in der Hand haben: unsere Ernährung, ein sauberes Haus, die Armlehne im Flugzeug oder oft auch andere Menschen. Je unsicherer wir sind, desto gemeiner können wir auch sein. Wir knurren und fletschen die Zähne. Warum? Weil wir so böse sind? Zum Teil. Aber auch, weil wir uns in die Enge getrieben fühlen.

Martin Niemöller, der sich als Pfarrer im Dritten Reich gegen Hitler stellte, beschreibt ein extremes Beispiel dafür. Als er dem Diktator 1933 zum ersten Mal begegnete, hatte Niemöller ganz hinten gestanden und zugehört. Als seine Frau ihn danach fragte, was er gelernt habe, erwiderte er: „Ich habe festgestellt, dass Herr Hitler ein schrecklich ängstlicher Mann ist.“[3] Angst macht uns zu Tyrannen.

Und sie tötet unser Erinnerungsvermögen. Die Jünger hatten allen Grund, Jesus zu vertrauen. Sie hatten gesehen, dass „er alle Krankheiten und Leiden im Volk heilte“ (Matthäus 4,23). Sie hatten beobachtet, wie er einen Aussätzigen durch eine einfache Berührung und einen Diener durch einen bloßen Befehl geheilt hatte (Matthäus 8,3.13). Petrus hatte erlebt, dass seine kranke Schwiegermutter wieder gesund wurde (Matthäus 8,14–15), und sie alle hatten mit angesehen, wie die bösen Geister vor ihm flohen wie Ungeziefer vor dem Licht. „Mit seinem Wort trieb er die bösen Geister aus und heilte alle Kranken“ (Matthäus 8,16).

Hätte nicht einer von ihnen auf Jesu Leistungen hinweisen oder noch einmal seinen Lebenslauf durchgehen können? Erinnerten sie sich nicht mehr an das, was Jesus vollbracht hatte? Vielleicht nicht. Angst verbreitet eine Art von geistlichem Gedächtnisschwund. Die Wunder verblassen in unserer Erinnerung. Wir vergessen, was Jesus alles getan hat und wie gut Gott zu uns war.

Und Angst fühlt sich fürchterlich an. Sie raubt uns alle Lebenskraft und Zufriedenheit, sodass wir uns nur noch wie kleine Embryos zusammenrollen. Wir sind wie alte, wackelige Schuppen, die leer und windschief dastehen, wo früher einmal in einem Haus das Leben blühte und Menschen Nahrung und Wärme fanden. Aber jetzt nicht mehr. Wenn die Angst unser Leben bestimmt, wird die Sicherheit zu unserem Gott. Und wenn die Sicherheit unser Gott wird, beten wir ein Leben an, das frei ist von jeglichem Risiko. Kann derjenige, der die Sicherheit liebt, Großes tun? Können Risiko-Hasser Heldentaten vollbringen? Für Gott? Oder für andere? Nein. Wer von Angst erfüllt ist, kann nicht von ganzem Herzen lieben. Liebe ist riskant. Sie können nicht großzügig geben, denn wer großzügig ist, hat keine Garantie, dass er auch etwas zurückbekommt. Die Ängstlichen haben keine großen Träume, denn was wäre, wenn diese wie Seifenblasen zerplatzen würden? Wer die Sicherheit anbetet, entmannt die Größe. Kein Wunder also, dass Jesus so entschlossen gegen die Angst vorgeht.

Sein am häufigsten genanntes Gebot gehört in die „Fürchtet euch nicht“-Kategorie. In den Evangelien stehen etwa 125 Gebote, die Jesus uns gegeben hat. Darin werden wir 21-mal aufgefordert: „Habt keine Angst“, „Fürchtet euch nicht“, „Seid mutig“ oder „Fasst Mut“. Das zweithäufigste Gebot besagt, dass wir Gott und unseren Nächsten lieben sollen. Es kommt nur 8-mal vor. Wenn man nach der Häufigkeit ihrer Nennung geht, dann nimmt Jesus unsere Ängste also sehr ernst.

Kinder machen sich später manchmal über die Vorschrift ihrer Eltern lustig, die diese am häufigsten erwähnen. Sie wissen noch genau, dass ihre Mutter immer sagte: „Komm nicht zu spät nach Hause", oder: „Räum dein Zimmer auf." Auch Väter haben ihre Lieblingsanweisungen: „Geh gerade", oder: „Streng dich an." Ich frage mich, ob sich die Jünger auch überlegten, was Jesus immer wieder zu ihnen sagte. Wenn ja, kamen sie bestimmt zu dem Schluss, dass er sie immer ermahnt hatte, mutig zu sein:

„Habt also keine Angst: Ihr seid Gott mehr wert als ein ganzer Schwarm Spatzen!" (Matthäus 10,31).

„Mein Kind, fasse Mut! Deine Schuld ist vergeben" (Matthäus 9,2).

„Darum sage ich euch: Macht euch keine Sorgen um euer Leben, ob ihr etwas zu essen oder zu trinken habt, und um euren Leib, ob ihr etwas anzuziehen habt!" (Matthäus 6,25).

„Hab keine Angst! Fass nur Vertrauen, dann wird [deine Tochter] *gerettet!"* (Lukas 8,50).

„Fasst Mut! Ich bin's, fürchtet euch nicht!" (Matthäus 14,27).

„Fürchtet euch nicht vor denen, die nur den Leib, aber nicht die Seele töten können" (Matthäus 10,28).

„Sei ohne Angst, du kleine Herde! Euer Vater ist entschlossen, euch seine neue Welt zu schenken!" (Lukas 12,32).

„Erschreckt nicht, habt keine Angst! Vertraut auf Gott und vertraut auch auf mich!" (Johannes 14,1).

„Erschreckt nicht, habt keine Angst!" (Johannes 14,27b).

„‚Warum habt ihr Angst?', fragte Jesus. ‚Wieso zweifelt ihr daran, dass ich es bin?'" (Lukas 24,38; Hfa).

„Erschreckt nicht, wenn nah und fern Kriege ausbrechen!" (Matthäus 24,6).

„Aber Jesus trat zu ihnen, berührte sie und sagte: ‚Steht auf, habt keine Angst!'" (Matthäus 17,7).

Jesus will nicht, dass Sie in ständiger Angst leben. Und Sie wollen es auch nicht. Sie haben bestimmt noch nie gesagt:

- „Meine Ängste verleihen mir solchen Schwung."
- „Ohne meine zwanghaften Sorgen wäre ich keine gute Mutter/kein guter Vater."
- „Ich danke Gott für meinen Pessimismus. Seit ich keine Hoffnung mehr habe, bin ich ein besserer Mensch geworden."
- „Mein Arzt hat mir gesagt, wenn ich mir meine Gesundheit bewahren will, muss ich mir mehr Sorgen machen."

Ich kenne den Preis der Angst.

Jesu Frage war berechtigt. Er erhob sich von seinem Kissen, trat in den Sturm hinaus und fragte: „Warum habt ihr solche Angst? Ihr habt zu wenig Vertrauen!" (Matthäus 8,26).

Nur um eines klarzustellen: Angst kann in manchen Situationen auch gesund sein. Sie ist wie der Kanarienvogel in einem Bergwerksschacht, der vor Gefahr warnt. Eine Portion Angst kann ein Kind davon abhalten, auf eine vielbefahrene Straße zu laufen, oder einen Erwachsenen davor zu rauchen. Angst ist eine angemessene Reaktion auf ein brennendes Gebäude oder einen knurrenden Hund. Angst alleine ist noch keine Sünde. Aber sie kann zur Sünde führen.

Wenn wir unsere Angst mit Wutausbrüchen, Saufgelagen, schmollendem Rückzug, Hungerkuren oder eiserner Kontrolle über andere kurieren wollen, dann lassen wir Gott bei der Problemlösung außen vor und machen alles nur noch schlimmer. Wir unterstellen uns der Angst und lassen unser Leben von ihr bestimmen. Sorgen rauben uns die Freude und Furcht macht uns wie benommen. Anfälle von Unsicherheit lähmen uns. Hysterie kommt nie von Gott, „[d]enn Gott hat uns keinen Geist der Furcht gegeben" (2. Timotheus 1,7; Hfa).

Die Angst wird immer wieder an Ihre Türe klopfen. Laden Sie sie einfach nicht zum Essen ein, und bieten Sie ihr um Himmels willen keinen Schlafplatz an. Stärken Sie sich mit einer Reihe von Jesu „Fürchtet euch nicht"-Aussagen. Die Angst mag zwar unsere Gesellschaft dominieren, nicht aber unser Herz. Das Versprechen Jesu und die Grundannahme dieses Buches sind ganz einfach: Wir können morgen weniger Angst haben als heute.

Als ich sechs Jahre alt war, erlaubte mein Vater mir einmal, lange aufzubleiben und gemeinsam mit dem Rest der Familie den Horrorfilm „Der Wolfsmensch" anzuschauen. Diese Entscheidung hat er bitter bereut. Nach dem Film war ich nämlich felsenfest davon überzeugt, dass der Wolfsmensch jede Nacht um unser Haus schlich, auf der Jagd nach seiner Lieblingsspeise – rothaarige, sommersprossige, kleine Erstklässler.

Meine Angst wurde schließlich zum Problem. Auf dem Weg von meinem Zimmer in die Küche musste ich gefährlich nahe an seinen Klauen und Fängen vorbei, was ich nur sehr ungern tat. Mehr als einmal wich ich ins Schlafzimmer meiner Eltern aus und weckte meinen Vater. Genau wie Jesus im Boot schlief mein Vater tief und fest. *Wie kann man in so einer Situation nur schlafen?*

Verschlafen öffnete er ein Auge und fragte: „Wovor hast du eigentlich Angst?" Dann erinnerte ich ihn an das Ungetüm. „Ach ja, der Wolfsmensch", knurrte er. Dann krabbelte er aus dem Bett, rüstete sich mit übernatürlichem Mut und begleitete mich durchs finstere Tal, um mir in der Küche ein Glas Milch einzuschenken. Dann sah ich ihn staunend und voller Bewunderung an: *Was ist das nur für ein Mensch?*

Vielleicht ist unsere Angst vor einer *Seismos*-Erschütterung für Gott ja so ähnlich wie meine Angst vor dem Wolfsmenschen für meinen Vater: „Dann stand er auf und sprach ein Machtwort zu dem Wind und den Wellen. Da wurde es ganz still" (Matthäus 8,26b).

Auf die große Erschütterung antwortete er mit einer großen Beruhigung. Der See wurde so ruhig, als sei er zugefroren, und die Jünger fragten sich: „Was muss das für einer sein, dass ihm sogar Wind und Wellen gehorchen!" (Vers 27).

Ja, was für ein Mensch! Er schläft während des Sturms, stillt die Wellen mit einem einzigen Wort und gibt einem Sterbenden genug Mut, damit er seiner Familie eine letzte Botschaft hinterlassen kann. Gut gemacht, Dee! Du hattest viele *Seismos*-Momente im Leben, aber du bist nicht untergegangen.

Und ich bete, dass wir es auch nicht tun.

Kapitel 2

Die Bewohner von Stelzendorf

Die Angst vor der Bedeutungslosigkeit

„Habt also keine Angst: Ihr seid Gott mehr wert als ein ganzer Schwarm Spatzen!“
Matthäus 10,31

Stelzendorf ist ein ganz besonderer Ort (es könnte ihn sogar wirklich geben). Seine Bewohner sind recht normale Menschen, die arbeiten gehen und Familien haben. Aber sie haben einen ungewöhnlichen Brauch: Jeden Abend um Punkt sechs Uhr versammeln sie sich auf dem Dorfplatz – und dann werden Stelzen verteilt. Wer aufgerufen wird und ein Paar bekommt, der hat es gut. Er wird dadurch aus der Masse der Kleinen, Unbedeutenden, der Habenichtse und Unwichtigen herausgehoben.

Die wären natürlich auch gerne groß und bedeutend. Und so kommen sie Abend für Abend auf den Dorfplatz, zwängen sich durch die Menge nach vorn, um zu sehen, ob sie nicht auch wichtig sind, aber ihre Namen werden nicht genannt. Es sind die Coolen, die Einflussreichen, die entscheiden, wer elegant, hübsch, klug oder witzig ist. Und dafür gibt es eine Belohnung. Aber keine gewöhnliche Belohnung in Form von Geld, einem Auto oder einem Haus. Es ist etwas sehr Ungewöhnliches: ein Paar Stelzen. Und auf diesen Stelzen immer höher hinauszukommen ist das Ziel aller Bewohner von Stelzendorf. Stelzen sind ihr Statussymbol.

Die hohen Tiere stolzieren erhaben auf ihren langen, wackeligen Stelzen umher und genießen es, das Leben von oben zu betrachten. Aber nur so lange, bis einer ins Wanken gerät. Dann fällt er tief und landet hart. Ist er erst wieder im gemeinen Fußvolk angekommen, hilft ihm keiner von den Schickimickis mehr auf. Im Gegenteil, sie nehmen ihm auch noch die Stelzen weg. Von da an muss er wieder jeden Abend um sechs auf den Dorfplatz kommen, um zu sehen, ob er nicht doch bedeutend genug ist, um ein Paar Stelzen zu ergattern.

Und genau das ist doch der Kern der Sache, die eigentliche Frage, die hinter allem steckt: Sind wir bedeutend? Wir haben Angst, es nicht zu sein. Wir fürchten uns vor der Nichtigkeit, der Bedeutungslosigkeit. Wir haben Angst, uns einfach in nichts aufzulösen und in der Summe nur eine Null zu sein. Wir haben Angst, dass niemand uns vermisst, wenn wir nicht mehr da sind.

Deshalb ärgert es uns, wenn ein Freund unseren Geburtstag vergisst oder der Lehrer sich unseren Namen nicht merken kann, ein Kollege die Lorbeeren für das erntet, was wir getan haben, oder wenn wir tagtäglich wie ein Stück Vieh in den Bus gequetscht werden. Das alles bestätigt unsere schlimmsten Befürchtungen: „Keiner kümmert sich um mich, weil ich es nicht wert bin, dass sich jemand um mich kümmert." Deshalb sehnen wir uns nach der Aufmerksamkeit unseres Partners oder der Bestätigung unseres Chefs. In Unterhaltungen erwähnen wir beiläufig Namen wichtiger Persönlichkeiten, wir tragen Markenkleidung, polstern unseren Busen mit Silikon auf, montieren auffällige Felgen an unser Auto und wollen schöne Zähne haben. Das sind unsere „Stelzen", mit deren Hilfe wir uns vom Fußvolk hervorheben wollen.

Modedesigner sagen uns: „Wenn du unsere Jeans trägst, bist du wer. Wenn du unser Logo auf dem Hintern trägst, bist du nicht länger unbedeutend." Also tun wir es. Und eine Zeitlang heben wir uns von den Unwichtigen ab und genießen unseren sozialen Aufstieg. Die Mode erlöst uns aus den Niederungen der Bedeutungslosigkeit und wir sind etwas Besseres. Warum? Weil wir ein Vermögen für eine Jeans aus Italien ausgegeben haben.

Aber dann kommt die große Ernüchterung – die Mode ändert sich, der Schnitt ist *out*, die Hosen sind jetzt nicht mehr eng, sondern weit, nicht länger verwaschen, sondern dunkel, und plötzlich tragen wir Jeans von vorgestern und merken, dass wir aufs Abstellgleis geraten sind. Und schon befinden wir uns wieder unter den Unbedeutenden.

Vielleicht können wir unsere Bedeutungslosigkeit umgehen, indem wir uns an die riesigen Leistungen eines anderen hängen und so unserem zwergenhaften Leben Bedeutung verleihen. Wie anders ließe sich sonst erklären, dass wir uns beispielsweise so unwiderstehlich zu Sportmannschaften und berühmten Sportlern hingezogen fühlen?

Ich will mich da auch gar nicht ausnehmen: Ich bin ein eingefleischter Fan der *San Antonio Spurs*. Wenn die *Spurs* Basketball spielen, ist es *mein* Spiel. Wenn sie einen Korb werfen, ist es *mein* Korb. Und wenn sie gewinnen, dann schreie ich gemeinsam mit den siebzehntausend anderen Fans: „Wir haben gewonnen!" Aber wie komme ich eigentlich dazu, eine solche Behauptung aufzustellen? War ich auch nur ein einziges Mal beim Training? Habe ich schon einmal eine gegnerische Mannschaft beobachtet? Habe ich schon einmal mitgeholfen, sie zu trainieren, oder auch nur einen Schweißtropfen dafür vergossen? Nein. Ich würde es tun, wenn sie mich darum bäten. Aber ich bin zu unbedeutend, zu langsam, zu alt und zu unsportlich.

Trotzdem will ich ein Stück von diesem Kuchen namens Ruhm. Warum? Weil es mich vom gemeinen Volk abhebt.

Für kurze Zeit erhebt es mich über die Masse und adelt mich.

Diese Philosophie motivierte in der vierten Klasse meinen Freund Thomas dazu, Dean Martins Zigarettenkippe in einem Glas auf seinem Nachttisch aufzuheben. Dean Martin eroberte mit seinem schmachtenden Blick in den 1960er Jahren die Herzen Amerikas. Er teilte sich den Olymp der Berühmtheiten mit Frank Sinatra und Sammy Davis jr. Das „niedere Volk" konnte diesen „Adel" bloß aus der Ferne bewundern. Aber Thomas konnte mehr tun. Als Dean Martin unsere kleine Stadt im Westen von Texas anlässlich eines Wohltätigkeits-Golfturniers mit einem Besuch beehrte, folgten er und sein Vater ihm, und als die Filmikone ihre Zigarettenkippe wegwarf, schnappte Thomas sie sich.

Wer könnte je den Augenblick vergessen, als wir – Thomas' Freunde – uns in seinem Zimmer versammelten und die heilige Kippe bestaunten. Wir profitierten von den Auswirkungen des Berühmtheitsprinzips. Dean Martin war ein Star; Thomas besaß Dean Martins Zigarettenkippe; wir kannten Thomas. So fiel etwas von Dean Martins Glanz auch auf uns.

Wenn man jemand Wichtiges kennt, ist man selbst auch wichtig. Stimmt's?

Oder man versucht, dem Leben ein Schnippchen zu schlagen und in gewisser Weise auch nach dem Tod noch weiterzuleben: Wenn der Milliardär feststellt, dass sein Leben schneller zu Ende sein wird als sein Geld, ruft er eine Stiftung ins Leben. Zweifellos spielt dabei Nächstenliebe eine Rolle, aber eben auch das Bedürfnis, etwas von Bedeutung zu tun.

Aus dem gleichen Grund bekommen wir Kinder. Kinder großzuziehen verleiht unserem Leben Bedeutung. Obgleich es eindeutig ehrenhafter ist, Kinder zu bekommen, als Dean Martins Zigarettenkippe zur Schau zu stellen, so geht es doch, zum Teil zumindest, um das gleiche Prinzip.

Eines Tages, wenn wir gestorben sind, werden sich unsere Nachkommen an den „guten alten Papa" oder die „gute alte Mama" erinnern, und wir werden durch sie weiterleben.

Italienische Markenjeans. Dean Martins Zigarettenkippe. Stiftungen. Hinterlassenschaften – alles Wege, um zu beweisen, dass Bertrand Russell unrecht hatte. Dieser war ein fatalistischer Atheist und kam zu der Schlussfolgerung: „Ich glaube, wenn ich sterbe, werden meine Knochen verrotten, und von meinem Ich wird nichts übrig bleiben."[1]

„Er muss sich irren", seufzen wir.

„Er irrt sich!", verkündet Jesus. Und mit den liebevollsten Worten, die je jemand gesagt hat, mildert er die Angst der Bewohner von Stelzendorf: „Kauft man nicht zwei Spatzen für einen Groschen? Und doch fällt nicht einmal ein Spatz auf die Erde, ohne dass euer Vater es weiß. Bei euch aber ist sogar jedes Haar auf dem Kopf gezählt. Habt also keine Angst: Ihr seid Gott mehr wert als ein ganzer Schwarm Spatzen!" (Matthäus 10,29–31).

Was gibt es Bedeutungsloseres als Haare? Wer macht schon Inventur auf dem eigenen Kopf? Wir zählen und messen andere Dinge: das Geld auf unserem Konto, das Benzin im Tank, die Kilos auf der Waage. Aber Haare auf dem Kopf? Niemand, nicht einmal ein Mann mit immer größer werdenden Geheimratsecken, nummeriert jedes einzelne Haar auf seinem Kopf. Wir frisieren unsere Haare, färben sie, schneiden sie ... aber wir zählen sie nicht.

Doch Gott tut es: „Bei euch aber ist sogar jedes Haar auf dem Kopf gezählt."

In dem Bericht von Lukas geht Jesus noch einen Schritt weiter: „Kauft man nicht fünf Spatzen für zwei Groschen? Und doch kümmert sich Gott um jeden Einzelnen von ihnen" (Lukas 12,6). Zur Zeit Jesu war ein Groschen eine der kleinsten Münzen, die es gab. Mit einem Groschen konnte man zwei Spatzen kaufen. Mit anderen Worten: Jeder konnte sich ein paar Spatzen leisten. Und für zwei Groschen bekam man sogar fünf. Den fünften bekam man nämlich gratis dazu. Aber wozu? Wozu waren Spatzen gut?

In unserer Gesellschaft gibt es immer noch genügend fünfte Spatzen: unauffällige Menschen, die sich überflüssig und entbehrlich vorkommen, als seien sie keinen Groschen mehr wert. Sie bilden Fahrgemeinschaften und arbeiten in Großraumbüros. Manche schlafen unter Zeitungen auf dem Gehweg, andere unter Daunendecken in Villen. Doch was sie verbindet, ist das Gefühl der Bedeutungslosigkeit.

Einen ganzen Schwarm solcher fünfter Spatzen gab es in einem Waisenhaus für Taubstumme in China. Chinas Ein-Kind-Politik hat dazu geführt, dass die Schwachen „aussortiert" werden. Jungen haben Vorrang vor Mädchen und gesunde Kinder vor behinderten. In China haben Kinder, die nicht hören oder sprechen können, kaum Chancen auf ein gesundes, produktives Leben. Überall wird ihnen zu verstehen gegeben: „Du bist nichts wert."

Doch wenn jemand ihnen überzeugend das Gegenteil vermittelt, dann tauen sie auf. Der China-Missionar John Bentley beschreibt einen solchen Augenblick. In der Provinz Henan hatte man tauben Waisenkindern eine chinesische Übersetzung meines Kinderbuches „Du bist einmalig" gegeben. In der Geschichte geht es um Punchinello, eine Holzpuppe in einem Dorf von Holzpuppen. In dem Dorf gab es den Brauch, den Erfolgreichen einen Stern anzukleben und denen, die nichts konnten, einen Punkt. Punchinello hatte schon so viele Punkte, dass die Leute ihm ganz ohne Grund noch mehr Punkte aufklebten.

Aber dann lernte Punchinello Eli, seinen Schöpfer, kennen. Eli machte ihm Mut und sagte ihm, er solle sich nicht um die Meinung der anderen kümmern. „Ich habe dich gemacht", erklärte er ihm. „Und ich mache keine Fehler."

So etwas hatte Punchinello noch nie gehört. Als er tat, was Eli ihm sagte, fielen die Punkte nach und nach von ihm ab. Als die Kinder in dem chinesischen Waisenhaus das hörten, veränderte es ihre Welt. John beschrieb, was dann geschah:

„Als die Bücher an die Schüler und Mitarbeiter der Taubstummenschule verteilt wurden, passierte etwas sehr Außergewöhnliches: Auf einmal fingen alle an zu weinen. Diese Reaktion konnte ich nicht begreifen ... Amerikaner sind eher an Bestätigung gewöhnt ... aber Chinesen nicht, und ganz besonders diese Kinder nicht, die buchstäblich von ihren leiblichen Eltern aufgegeben und als wertlos erachtet wurden, weil sie mit ‚Defekten' zur Welt gekommen waren. Als sie beim Lesen zu verstehen begannen, dass sie einmalig waren, und das allein aus dem Grund, weil ein liebender Schöpfer sie gemacht hatte, fingen alle an zu weinen – sogar die Lehrer! Alle waren sehr, sehr bewegt."[2]

Brauchen auch Sie die Erinnerung an diese Wahrheit? Stoßen diese Worte womöglich auf die Ohren eines „fünften Spatzen"? Wenn ja, wird es Zeit, dass Sie Ihre Angst vor der Bedeutungslosigkeit überwinden. Nehmen Sie die Sache ernst, denn die Angst davor, eine ganz große Null zu sein, wird zu einer sich selbst erfüllenden Prophezeiung, die schließlich Ihr Leben ruiniert. Das ist der Lauf der Dinge.

Sie schlagen sich mit einem einfachen, schlecht bezahlten Job, der Ihnen alle Kraft raubt, gerade so durch. Ihr Verdienst reicht gerade so zum Leben, aber große Sprünge machen können Sie damit nicht. Ihre Begabungen verdorren wie Blumen, die man nicht gießt. Aber dann entdecken Sie eine Stellenausschreibung, die genau Ihren Fähigkeiten entspricht. Und in einem Anflug von Mut bewerben Sie sich. Der Arbeitgeber lädt Sie zu einem Vorstellungsgespräch ein. Aber jetzt überfallen Sie wieder die alten Minderwertigkeitsgefühle. „Ich werde sie nie überzeugen können", stöhnen Sie. „Bei diesem Vorstellungsgespräch werde ich bestimmt ganz alt aussehen. Man wird mir Fragen stellen, die ich nicht beantworten kann. Man wird mich niemals nehmen." Da hat selbst eine Maus in der Höhle des Löwen bessere Erfolgsaussichten. Sie versagen jämmerlich und rutschen auf der Leiter der Selbstachtung noch eine Stufe tiefer.

Oder stellen Sie sich ein Mädchen vor, das mit einem gutaussehenden jungen Mann verabredet ist. Er sieht so fantastisch aus, dass es sich fragt, was er wohl an ihr findet. Er spielt doch eigentlich in einer ganz anderen Liga. Wenn er sie erst näher kennenlernt, wird er sie ganz bestimmt wie eine heiße Kartoffel fallen lassen, denkt sie. Vielleicht kann sie seine Aufmerksamkeit nicht einmal einen Abend lang fesseln. Ihre Unsicherheit verleitet sie dazu, das einzige ihr bekannte Mittel einzusetzen: ihren Körper. Gleich bei ihrer ersten Verabredung schläft sie mit ihm, weil sie Angst hat, dass es kein zweites Mal geben wird. Und dann fühlt sie sich schrecklich käuflich.

Die Angst vor Bedeutungslosigkeit führt genau zu dem, wovor wir uns fürchten. Wir landen genau da, wo wir nie hinwollten, und wir tun, was wir am meisten verabscheuen. Wenn ein Basketballspieler an der Freiwurflinie steht und sich immer wieder sagt: „Ich werde bestimmt nicht treffen, ich werde bestimmt nicht treffen" – raten Sie mal, was dann passiert: Er wird niemals treffen. Wenn Sie sich Ihr Leben lang vorsagen: „Ich werde nie etwas erreichen, ich bin nichts wert" – raten Sie mal, was dann passiert: Damit verurteilen Sie sich selbst gnadenlos zu einem ausgesprochen trostlosen Leben.

Und außerdem widersprechen Sie damit Gottes Bild von Ihnen. Sie zweifeln damit auch an seinem Urteilsvermögen und kritisieren seinen Geschmack. Denn nach seiner Überzeugung sind Sie „kunstvoll gebildet" (Psalm 139,15; Hfa). Sie sind „wunderbar und einzigartig gemacht" (Vers 14). Gott denkt die ganze Zeit an Sie! Wenn Sie zählen könnten, wie oft er über Sie nachdenkt, dann würden Sie feststellen, dass „sie zahlreicher [sind] als der Sand am Meer" (Vers 18).

Warum liebt er Sie so sehr? Aus dem gleichen Grund, aus dem ein Maler seine Bilder liebt oder ein Bootsbauer seine Schiffe: Sie waren seine Idee. Ja, sogar seine beste Idee. „Wir sind ganz und gar Gottes Werk. Durch Jesus Christus hat er uns so geschaffen, dass wir nun Gutes tun können. Er hat sogar unsere guten Taten im Voraus geschaffen, damit sie nun in unserem Leben Wirklichkeit werden" (Epheser 2,10).

Jedes Jahr nehmen Zehntausende von Frauen aus ganz Nordamerika an den Konferenzen der christlichen Frauenbewegung *Women of Faith* teil, unter anderem, weil sie dort Ermutigung finden.

Nachdem sie zahlreiche Vorträge gehört hatte, in denen die Rednerinnen immer wieder betonten, wie sehr Gott jedes Einzelne seiner Kinder liebt, schrieb eine Teilnehmerin folgende E-Mail an die Veranstalter:

„Der Film ‚Hook' von Steven Spielberg beschreibt einen Peter Pan, der schließlich erwachsen, alt und übergewichtig geworden ist und überhaupt nicht mehr so aussieht, wie ihn die ‚verlorenen Jungs' in Erinnerung haben. Während alle rufen, dass das NICHT ihr Peter sei, ergreift einer der kleinsten Jungen Peters Hand und zieht diesen zu sich hinab. Dann legt er dem Erwachsenen die Hände aufs Gesicht und fängt an, seine Haut zu verschieben und sein Gesicht zu verändern. Dann sieht der Junge Peter in die Augen und sagt: ‚Peter, du bist es!'

Ich habe viel Ballast mit zu dieser Konferenz gebracht, Dinge, die nur Gott sehen konnte. Das gesamte Wochenende hatte Gott seine Hände auf mein Gesicht gelegt und den Ballast, den ich mitgebracht hatte, weggewischt. Und dann hörte ich ihn schließlich sagen: ‚Du bist es!'"[3]

Pssst! Seien Sie einmal kurz still! Hören Sie es? Genau das Gleiche sagt Gott auch zu Ihnen. Er entdeckt die Schönheit, die unter den Jahren begraben liegt, und das Funkeln in den Augen, das die Zeit uns rauben will. Er sieht Sie und liebt, was er sieht. „Du bist es!"

Das ist genug, nicht wahr? Wir brauchen keine Stelzen und müssen nicht herumstolzieren und dabei ins Stolpern geraten und fallen. Sollen die anderen doch das alberne Spiel mitspielen. Ohne uns. Wir haben etwas Besseres entdeckt. Und wie mir berichtet wurde, auch einige der Bewohner von Stelzendorf.

Dort versammelt sich immer noch allabendlich die Menge auf dem Dorfplatz. Aber immer mehr Bewohner bleiben der Versammlung fern. Seit dieser Zimmermann da war, scheint das Treiben sie nicht mehr so zu interessieren. Sie hatten auch ihm Stelzen geben wollen, aber er hatte sich geweigert und war absichtlich bei den Niederen geblieben. „Ihr seid auch ohne Stelzen wichtig", hatte er den Bewohnern erklärt. „Glaubt mir, es ist besser, mit beiden Beinen auf dem Boden zu bleiben."

Kapitel 3

„Gott ist sauer auf mich"

Die Angst, Gott zu enttäuschen

„Sei getrost, mein Sohn, deine Sünden sind dir vergeben."
Matthäus 9,2

Noble Doss ließ den Ball fallen. Ein einziges Mal. Bei einem einzigen Pass. Ein einziger Fehler. Es war 1941. Und es verfolgt ihn bis heute. „Ich habe uns die Meisterschaft versaut", sagt er.

Die Footballmannschaft der Universität von Texas, die *Longhorns,* waren das Topteam in ganz Amerika. Die Jungs hofften auf eine ganze Saison ohne eine einzige Niederlage und einen festen Platz im Endspiel um den Meisterschaftspokal. Beim Spiel gegen die Mannschaft der *Baylor University* lagen sie im dritten Viertel mit 7:0 vorne, als ihr Quarterback einen langen Pass auf den völlig frei stehenden Doss warf.

„Zwischen mir und dem Tor befanden sich nur zwanzig Meter grüne Wiese", erinnert er sich.

Der Pass war exakt geworfen. Die *Longhorn*-Fans erhoben sich und jubelten. Doss, der ein sicherer Fänger war, sah den Ball kommen und streckte die Arme aus, aber er glitt ihm durch die Finger.

Die Mannschaft von *Baylor* nahm noch einmal alle Kraft zusammen und schaffte wenige Sekunden vor Ende des Spiels den Ausgleich. Texas hatte damit seinen Spitzenplatz in der Tabelle verloren und damit auch die Chance auf den Pokal.

„Ich muss jeden Tag an dieses Spiel denken", gesteht Doss.

Nicht, dass es nichts anderes gäbe, an das er sich erinnern könnte. Er ist seit über sechzig Jahren glücklich verheiratet, ist Vater und Großvater. Er war im Zweiten Weltkrieg bei der Marine. Er war gemeinsam mit seinen Mannschaftskameraden aus Texas auf dem Titelblatt des *People Magazines*. Während seiner Studienzeit fing er im Footballteam siebzehn gegnerische Pässe ab und stellte damit einen Rekord auf. Er gewann mit den *Philadelphia Eagles* zweimal den NFL-Titel. Sein Bild hängt sowohl in der Galerie seiner Highschool als auch in der der Universität von Texas.

Die meisten Fans erinnern sich noch an seine Spiele und die Pässe, die er gefangen hat. Doch Doss erinnert sich nur noch an den einen, den er *nicht* gefangen hat. Als Doss einmal den neuen Cheftrainer der *Longhorns* traf, erzählte er ihm von diesem Fehlpass. Das war damals schon fünfzig Jahre her, aber er weinte immer noch, als er die Geschichte erzählte.[1]

Erinnerungen an Fehlpässe verblassen nur sehr langsam. Sie wecken in uns verborgene Ängste, nämlich die Angst, andere enttäuscht, das Team im Stich gelassen und versagt zu haben. Es ist die Angst, dass wir, als wir gebraucht wurden, nicht zur Stelle waren und dass andere durch unsere Ungeschicklichkeit zu Schaden gekommen sind. Einige von uns wären natürlich nur zu gern bereit, ihre Fehler gegen den von Doss einzutauschen. Wenn es bei uns doch nur ein Fehlpass im Football gewesen wäre! Wenn wir nur eine Footballmannschaft enttäuscht hätten!

Ich unterhalte mich oft mit einem Mann, der nach eigener Aussage die erste Hälfte seines Lebens verschwendet hat. Er hatte mehr Gaben als gesunden Menschenverstand und häufte damit in rasantem Tempo Geld und Feinde an. Heute klingt seine Geschichte wie die Story eines wehmütigen Countrysongs: eine zerbrochene Ehe, Kinder, die sauer auf ihn sind, und eine Leber, die aussieht, als hätte man sie in Wodka eingelegt (was er auch getan hat).

Wenn wir uns unterhalten, wandert sein Blick unruhig hin und her, als höre er Schritte. Seine Vergangenheit verfolgt ihn ständig. Unsere Unterhaltungen drehen sich immer um die gleichen Themen: „Kann Gott mir überhaupt noch vergeben? Er hat mir eine Frau geschenkt, und ich habe es versaut. Er hat mir Kinder geschenkt, und ich habe es versaut."

Ich versuche dann immer, ihm zu erklären: „Ja, du hast versagt, aber du bist deshalb noch lange kein Versager. Für Menschen wie dich und mich ist Gott auf diese Erde gekommen."

Er saugt meine Worte auf wie die Wüste einen Platzregen. Aber wenn wir uns das nächste Mal sehen, muss er die gleichen Worte wieder hören. Das von Angst ausgedörrte Land muss ständig gegossen werden.

Ich stehe auch in Briefkontakt mit einem Häftling. Genauer gesagt, ist er meist derjenige, der mir schreibt. Er hat drei bis fünf Jahre Zeit, um über finanzielle Fehlentscheidungen nachzudenken. In seinen Briefen wechseln sich Scham und Sorge ab – Scham wegen seines Fehlverhaltens und Sorge über die daraus entstandenen Folgen. Er hat alle Menschen, die er liebt, enttäuscht. Einschließlich Gott. Ganz besonders Gott. Er hat Angst, Gottes Geduld mit seiner Schuld überstrapaziert zu haben.

Damit ist er nicht alleine. *Gottes Gnade muss doch auch einmal erschöpft sein*, denken wir. *Man kann doch nicht ständig wieder um Vergebung bitten*, redet uns unser Verstand ein. *Wenn man Gottes Gnaden-Konto zu sehr über-*

zieht, wird es irgendwann gesperrt werden. Der Teufel liebt diese Argumentation. Wenn er es schafft, uns einzureden, dass Gottes Gnade irgendwann ausgeschöpft ist, dann folgern wir daraus, dass das Konto jetzt endgültig leer ist. Gott hat uns die Türe zu seinem Thronsaal verschlossen. Wir können dagegenhämmern, so viel wir wollen, und beten, so viel wir wollen – wir haben keinen Zutritt mehr.

„Kein Zutritt zu Gott" löst eine Unmenge von Sorgen aus. Wir sind wie schutzlos ausgesetzte Waisen. Der Himmel – falls es überhaupt einen gibt – wurde von unserer Reiseroute gestrichen. In diesem Leben sind wir ungeschützt und im nächsten verdammt. Die Angst, Gott zu enttäuschen, ist wie ein Raubtier mit scharfen Zähnen.

Aber Jesus hat eine Zange. Bei seiner ersten Aussage zum Thema „Furcht" zieht er dieser gleich die Zähne: „Mein Kind, fasse Mut! Deine Schuld ist vergeben" (Matthäus 9,2). Ist Ihnen aufgefallen, dass Jesus „Mut" und „Schuld vergeben" in einem Atemzug nennt? Sollte unser Mut mit der Vergebung unserer Schuld beginnen? Schauen wir einmal genauer hin.

Jesus richtete diese Worte an einen Menschen, der sich nicht bewegen konnte. „Einen Gelähmten auf einer Tragbahre ..." (Vers 2). Dieser behinderte Mann konnte nicht mit dem Hund spazieren gehen oder joggen. Aber er hatte vier Freunde, und seine Freunde hatten eine Idee. Als sie Wind davon bekamen, dass Jesus in ihrem Ort zu Gast war, legten sie ihren Kumpel auf eine Trage und gingen zum Rabbi. Eine Audienz beim großen Meister verhieß Gutes für ihren Freund.

In dem Haus, in dem Jesus sprach, gab es jedoch nur noch Stehplätze. Die Leute saßen schon auf den Fensterbänken und standen dicht gedrängt im Flur. Man hätte meinen können, Gott höchstpersönlich sei nach Kapernaum gekommen. Aber die Freunde gaben nicht so schnell auf und heckten einen Plan aus: „Aber sie kamen wegen der Menschenmenge nicht bis zu Jesus durch. Darum stiegen sie auf das flache Dach, gruben die Lehmdecke auf und beseitigten das Holzgeflecht, genau über der Stelle, wo Jesus war. Dann ließen sie den Gelähmten auf seiner Matte durch das Loch hinunter" (Markus 2,4).

Eine riskante Strategie. Hausbesitzer mögen es in der Regel nicht, wenn man ihre Dächer abdeckt. Und die meisten Gelähmten finden es nicht so toll, wenn man sie durch ein Loch in der Decke abseilt. Und die meisten Lehrer schätzen es wiederum gar nicht, wenn man ihren Vortrag mit einer spektakulären Aktion unterbricht. Von der Reaktion des Hausbesitzers oder des Gelähmten wird nichts berichtet. Aber wir wissen, dass Jesus nicht protestierte. Er sprach einen Segen, bevor ihn jemand darum bitten konnte. Es war einer, mit dem niemand gerechnet hatte: „Mein Kind, fasse Mut! Deine Schuld ist vergeben" (Matthäus 9,2). Wäre uns etwas anderes nicht lieber gewesen? „Fasse Mut! Deine Beine sind geheilt", oder: „Deine Lähmung ist verschwunden", oder: „Du kannst dich zum nächsten Marathon anmelden."

Die Muskeln in den Beinen des Mannes erinnerten eher an gekochte Spaghetti, aber Jesus bot ihm Vergebung an statt ein paar kräftiger Muskeln. Was dachte er sich eigentlich dabei? Ganz einfach. Er dachte dabei an unser größtes Problem: die Sünde. Er dachte an unsere größte Angst: die Angst, Gott zu enttäuschen. Bevor Jesus den Körper des Gelähmten heilte (was er danach auch tat), kümmerte er sich um seine Seele. „Mein Kind, fasse Mut! Deine Schuld ist vergeben."

Sündigen heißt, Gott missachten, seine Lehre ignorieren, seinen Segen ablehnen. Sünde heißt, „Gott-los" zu leben und sich nur um sich selbst zu drehen, statt Gott in den Mittelpunkt zu stellen.

War das nicht auch genau das, wofür Adam und Eva sich entschieden? Vor dem Sündenfall lebten sie in einer

Welt ohne Furcht. Sie waren eins mit der Schöpfung, eins mit Gott und eins miteinander. Der Garten Eden war wirklich „eins-ame Spitze“ und es gab nur ein einziges Gebot: Esst nicht vom Baum der Erkenntnis. Adam und Eva hatten die Wahl, und jeden Tag entschieden sie sich dafür, Gott zu vertrauen. Aber dann kam die Schlange, streute Zweifel in ihre Herzen und bot ihnen etwas Besseres an. „Hat Gott wirklich gesagt: …?“ (1. Mose 3,1). „Ihr werdet wie Gott sein“ (Vers 5), bot sie ihnen an.

Und schon hatte Eva Angst. Manche sagen, sie sei stolz, trotzig und ungehorsam gewesen. Aber hatte sie nicht zuallererst Angst? Angst, dass Gott ihr etwas vorenthielt, dass sie etwas verpasste? Angst, dass der Garten Eden nicht genügte? Angst, dass Gott nicht genügte? Angst, dass Gott ihr nicht alles geben konnte?

Stellen Sie sich einmal vor, sie und Adam hätten ihre Ängste überwunden und den Zweifeln, die die Schlange säen wollte, keinen Raum gegeben. „Du irrst dich, du Kriechtier. Unser Schöpfer gibt uns alles, was wir brauchen. Es gibt keinen Grund, an ihm zu zweifeln. Kriech in das Loch zurück, aus dem du gekommen bist.“ Aber das haben sie nicht gesagt. Sie konnten mit ihrer Angst nicht umgehen, und deshalb hat die Angst sie besiegt.

Eva vertraute nun nicht länger auf Gott, sondern nahm die Sache – und die Frucht – selbst in die Hand. „Nur für den Fall, dass Gott das nicht kann, mache ich es lieber selbst.“ Und Adam folgte ihrem Beispiel.

Adam und Eva haben genau das getan, was alle ängstlichen Menschen tun: Sie rannten um ihr Leben. „Da versteckten sich der Mensch und seine Frau vor Gott zwischen den Bäumen. Aber Gott rief nach dem Menschen: ‚Wo bist du?‘ Der antwortete: ‚Ich hörte dich kommen und bekam Angst‘“ (Verse 8–10).

Der falsche Umgang mit Angst führt zu Sünde. Und Sünde führt dazu, dass wir uns verstecken. Da wir alle gesündigt haben, verstecken wir uns auch alle – vielleicht nicht gerade hinter einem Busch, aber hinter einer Achtzig-Stunden-Woche, einem Wutausbruch oder frommer Geschäftigkeit. Wir vermeiden den Kontakt mit Gott.

Wir sind uns sicher, Gott hasst es, dass wir dazu neigen, schlechte Dinge zu tun. Wir jedenfalls tun es. Uns gefällt das, was wir tun und sagen, nicht. Wir verachten unsere lüsternen Gedanken, unsere Vorurteile und unser selbstsüchtiges Handeln. Wenn *wir* unsere Sünde schon verabscheuen, wie viel mehr muss *ein heiliger Gott* sie dann erst verabscheuen! Und daraus ziehen wir einen ganz einfachen Schluss: Gott ist unwiederbringlich sauer auf uns. Was bleibt uns also anderes übrig, als uns beim Klang seiner Stimme ins Gebüsch zu verkrümeln?

Der Prophet Jesaja schrieb, die Sünde verwirre uns wie in die Irre gegangene Schafe. „Wir alle waren wie Schafe, die sich verlaufen haben; jeder ging seinen eigenen Weg" (Jesaja 53,6). Wenn Jesaja meinen Hund gekannt hätte, hätte er vielleicht geschrieben: „Wir alle waren wie Molly, die sich verlaufen hat."

Sie ist eine ganz süße Hündin, aber sie hat auch einen sehr eigenwilligen Charakter. Wenn sie erst einmal die Steaks des Nachbarn oder eine offene Mülltonne riecht, ist jeder Gehorsam dahin. Sie wollen gar nicht wissen, wie oft ich ihr schon auf der Straße hinterhergerannt bin und ihr sehr unchristliche Dinge nachgerufen habe. Sie sündigt und tut, als hätte sie gar keinen Herrn. Sie ist schon berühmt und berüchtigt dafür, dass sie davonläuft.

In der vergangenen Woche dachten wir schon, sie sei für immer verschwunden. Wir hängten überall ein Bild von ihr auf, sind durch das ganze Viertel gefahren und haben nach ihr gerufen. Nachdem wir einen Tag lang vergeblich gesucht hatten, fuhr ich schließlich zum Tierheim. Nachdem ich der Leiterin Molly beschrieben hatte, wies sie auf das barackenähnliche Gebäude, an dessen Tür sich ein

Schild mit der Aufschrift „Streunende Hunde“ befand, und wünschte mir viel Glück.

Hier eine Warnung für weichherzige Hundeliebhaber: Gehen Sie niemals da rein! Einen so traurigen Anblick habe ich nicht mehr gesehen, seit sie das Autokino in unserer Stadt geschlossen haben. Reihenweise Käfige, aus denen einen sehnsüchtig große, verängstigte Hundeaugen ansehen. Manche sahen unter wuscheligem Cockerspaniel-Fell hervor, andere gehörten einem glatzköpfigen Chihuahua. Zig verschiedene Rassen, aber immer dieselbe Misere. Sie waren so verloren wie Robinson Crusoe auf seiner einsamen Insel und wussten nicht, wo ihr Zuhause war.

Den Informationen an der Tür zufolge hatte man zwei Terrier weit entfernt an einer Autobahn aufgegriffen. Jemand hatte einen alten Pudel in einer Unterführung gefunden. Als ich einen Golden Retriever mit braun meliertem Fell entdeckte, dachte ich schon, ich hätte sie gefunden. Aber es war nicht Molly. Es war ein Rüde mit so traurigen braunen Augen, dass ich ihn beinahe mitgenommen hätte.

Aber Molly fand ich in diesem Tierheim nicht.

Doch als ich dort war, überkam mich der verrückte Wunsch, diesen verlorenen Hunden zu verkünden: „Seid guten Mutes! Ihr seid nicht länger verloren!“ Ich hätte am liebsten jede Käfigtür geöffnet und all diese kläffenden, schwanzwedelnden Vierbeiner in mein Auto geladen und mit nach Hause genommen. Ich habe es nicht getan. So sehr ich mir auch wünschte, diese Hunde zu retten, so war mein Verlangen, auch weiterhin verheiratet zu bleiben, doch noch größer.

Aber ich verspürte dieses Verlangen, was mir wiederum dabei half, zu verstehen, weshalb die erste Ankündigung von Jesus gegen die Angst auch gleichzeitig das Thema „Vergebung“ beinhaltete. Ja, wir haben Gott enttäuscht. Aber nein, Gott hat uns nicht verlassen.

„Er hat uns aus der Gewalt der dunklen Mächte gerettet und uns unter die Herrschaft seines geliebten Sohnes gestellt" (Kolosser 1,13).

„Wer an ihn glaubt, der wird nicht verurteilt werden" (Johannes 3,18; Hfa).

„Denn nach dem Willen meines Vaters wird jeder, der den Sohn sieht und an ihn glaubt, für immer leben. Ich werde ihn am letzten Tag vom Tod auferwecken" (Johannes 6,40; Hfa).

„Dies schreibe ich euch, damit ihr wisst, dass ihr das ewige Leben habt; denn ihr glaubt an den Namen des Sohnes Gottes" (1. Johannes 5,13; EÜ).

Jesus liebt uns zu sehr, um uns über seine Gnade im Ungewissen zu lassen. Seine „vollkommene Liebe vertreibt die Furcht" (1. Johannes 4,18; EÜ). Wenn Gott uns mit unvollkommener Liebe lieben würde, dann hätten wir allen Grund, uns Sorgen zu machen. Unvollkommene Liebe führt genau Buch über alle Sünden. Aber Gott führt über unsere Fehltritte nicht Buch. Seine Liebe vertreibt die Furcht, weil sie unsere Sünde vertreibt!

Binden Sie Ihr Herz mit einem ganz festen Knoten an dieses Versprechen. Vergessen Sie nie die Worte des Apostels Johannes: „Denn wenn das Herz uns auch verurteilt – Gott ist größer als unser Herz und er weiß alles" (1. Johannes 3,20; EÜ). Wenn Sie das Gefühl haben, dass Ihnen nicht vergeben ist, werfen Sie Ihre Gefühle hinaus. Gefühle haben hier nichts zu sagen. Halten Sie sich an die Aussagen der Bibel. Gottes Wort steht über unserer Selbstkritik und unseren Selbstzweifeln.

So schrieb Paulus an Titus: „Denn die Gnade Gottes, die allen Menschen Rettung bringt, ist sichtbar geworden. [...]

Dies alles sollst du lehren. Ermutige die Menschen" (Titus 2,11; NL). Haben Sie schon mit Gottes Gnade Bekanntschaft gemacht? Dann können Sie mutig lieben und aus vollem Herzen leben. Sie können sich von Trapez zu Trapez schwingen, weil Sie die Gewissheit haben, dass sein Fangnetz Sie auffangen wird. Nichts fördert den Mut so sehr wie ein klares Verständnis von Gottes Gnade.

Und nichts fördert die Angst so sehr wie die Unkenntnis der Gnade. Darf ich ganz offen sein? Wenn Sie Gottes Vergebung noch nicht für sich in Anspruch genommen haben, sind Sie zur Angst verdammt. Nichts kann Sie von der nagenden Gewissheit befreien, dass Sie Ihren Schöpfer missachtet und seinen Anweisungen nicht gehorcht haben. Es gibt keine Pille, keine Motivationsansprache, keinen Psychiater und keine Besitztümer, die das Herz eines Sünders beruhigen könnten. Man kann die Angst verdrängen, aber man kann sich nicht davon befreien. Das kann nur Gottes Gnade.

Haben Sie Jesu Vergebung angenommen? Falls nicht, sollten Sie es noch tun. „Wenn wir aber unsere Sünden bekennen, dann erfüllt Gott seine Zusage treu und gerecht: Er wird unsere Sünden vergeben und uns von allem Bösen reinigen" (1. Johannes 1,9). Sie können dies mit Hilfe eines ganz einfachen Gebetes machen. Zum Beispiel folgendermaßen: „Lieber Vater, ich brauche Vergebung. Ich gestehe, dass ich mich in Gedanken und im Verhalten von dir abgewandt habe. Bitte vergib mir. Ich lege meine Seele in deine Hände und vertraue deiner Gnade. In Jesu Namen bete ich, amen."

Wenn Sie auf diese Weise Gottes Vergebung empfangen haben, dann dürfen Sie auch frei leben – als ein Mensch, der von seiner Schuld befreit wurde! Jesus hat Ihre Beine geheilt, also laufen Sie. Jesus hat den Zwinger geöffnet, also kommen Sie heraus. Wenn Jesus Sie befreit hat, dann sind Sie wirklich frei.

Aber vielleicht müssen Sie noch einige Stimmen zum Schweigen bringen. Booker T. Washington erzählt eine hilfreiche Geschichte darüber, wie seine Mutter dies einmal getan hat. Schon als Junge wurde er jeden Morgen zusammen mit den anderen Sklaven auf der Plantage von einem Hahn geweckt. Lange vor Sonnenaufgang drang der unliebsame Schrei in ihre Hütten und erinnerte Washington und seine Kameraden daran, dass sie aus dem Bett krabbeln und auf die Baumwollfelder gehen mussten. Der Hahnenschrei stand für ein fremdbestimmtes Leben voller langer Tage mit Knochenarbeit.

Aber dann kam das Ende der Sklaverei. Abraham Lincoln verkündete die Befreiung aller Sklaven. Am ersten Morgen danach wachte der junge Booker wieder vom Hahnenschrei auf. Aber dieses Mal schrie das Federvieh, weil Washingtons Mutter mit der Axt hinter ihm herrannte. Die Familie Washington briet ihren „Wecker" zum Mittagessen. Ihre erste Tat in Freiheit bestand darin, die Stimme der Sklaverei zum Schweigen zu bringen.

Rauben Ihnen irgendwelche Hähne den Schlaf? Vielleicht sollten auch Sie einmal die Axt wetzen. Die wunderbare Nachricht des Evangeliums ist, dass Gottes Gnade und unsere Freiheit Wirklichkeit sind.[2]

Ach, was wurde eigentlich aus der vermissten Molly? Sie ist im Garten eines Nachbarn wieder aufgetaucht. Sie war also gar nicht so weit von zu Hause weggelaufen, wie wir befürchtet hatten.

Und das gilt übrigens auch für Sie.

Kapitel 4

Not, verschwinde!

Die Angst, dass es nicht reicht

„Darum sage ich euch: Macht euch keine Sorgen um euer Leben, ob ihr etwas zu essen oder zu trinken habt, und um euren Leib, ob ihr etwas anzuziehen habt!"
Matthäus 6,25

Frau Sorge steht am Flughafen in der Warteschlange vor der Sicherheitskontrolle und nimmt ihr Armband ab. Ihre Schuhe hat sie schon in die Plastikwanne gelegt, die Fläschchen und Tuben in den durchsichtigen Plastikbeutel gesteckt und die Bordkarte aus der Handtasche geholt. Ihr Magen zieht sich zusammen, während sie so dasteht und darauf wartet, dass sie an der Reihe ist und der Körperscanner zeigen wird, dass sie keine Waffen trägt.

Frau Sorge überlegt, ob es wohl Pilze auf dem Boden gibt, wie gut das Sicherheitspersonal mit dem Scanner umgehen kann und wie schön es doch war, als man noch einfach zum Flugzeug gehen konnte. Sie hasst diesen Gedanken, lässt ihn aber trotzdem zu. *Unser Glück kann uns jeden Augenblick verlassen.* Sie schaut an dem Röntgengerät fürs Gepäck vorbei zu dem Sicherheitsbeamten mit dem Handscanner, der gerade eine Oma abtastet. Frau Sorge hat Mitleid mit der alten Dame, verwirft den Gedanken aber sofort wieder. Auch Terroristen werden alt. Jetzt macht sie sich Sorgen, dass die Oma vielleicht im gleichen Flieger sitzen könnte.

Herr Sorg sitzt in der letzten Reihe seines Deutsch-Abendkurses. Er säße lieber in der ersten Reihe, aber bis der Bus kommt und sich dann durch den abendlichen Stadtverkehr geschlängelt hat, sind die besten Plätze schon belegt. Seine Hände riechen immer noch nach dem Spülwasser des Restaurants, in dem er seit sechs Uhr an diesem Morgen gearbeitet hat. In zwölf Stunden wird er wieder an der Spüle stehen. Aber jetzt gibt er sich erst einmal alle Mühe, um die Sache mit den Verben, Adverbien und Nomen zu verstehen. Alle anderen scheinen es zu begreifen. Nur er nicht. In seiner Muttersprache hat er die Sätze nie analysiert. Wie soll er es da jetzt auf Deutsch können? Aber wenn er die Sprache nicht besser lernt, wird er immer nur Tellerwäscher bleiben. Herr Sorg hat mehr Fragen als Antworten, mehr Arbeit als Energie und denkt oft darüber nach aufzugeben.

Frau Unruh denkt, ihr Sohn solle lieber einen Schal tragen. Heute werden die Temperaturen nicht über den Gefrierpunkt steigen, und sie weiß, dass er in der Mittagspause die meiste Zeit mit den anderen auf der gefrorenen Wiese Fußball spielen wird. Aber sie beherrscht sich und sagt nichts. Dreizehnjährige Jungs tragen keine Schals. Aber ihr Junge bekommt schnell eine Hals- oder Ohrenentzündung. Also stopft sie ihm ein Halstuch in den Ranzen, neben das Mathebuch, das sie beide gestern bis spät abends wachgehalten hat. Frau Unruh erinnert ihn daran, sich die Hausaufgaben noch einmal anzuschauen, gibt ihm einen Kuss und sieht ihm nach, als er zur Tür hinaus zum Schulbus rennt. Sie schaut zum grauen Himmel hinauf und fragt Gott, ob er nicht einmal ein Carepaket für eine erschöpfte Mutter abwerfen könnte. „Hier unten ist jemand, der eine Stärkung gebrauchen könnte."

Herr Ängstlich wachte an diesem Morgen um halb fünf auf und kämpfte mit diesem Kapitel. Es muss bis fünf Uhr heute Nachmittag fertig sein. Ich ziehe mir die Decke über den Kopf und versuche vergeblich, wieder in die süße Welt der Träume zurückzukehren, wo man keine Abgabetermine kennt. Aber es ist schon zu spät. Der Startschuss ist schon gefallen. Meine Synapsen fangen an, in meinem Gehirn um die Wette zu laufen, und lösen einen Adrenalinschub aus. Also quält sich Herr Ängstlich aus dem Bett, zieht sich an, schleicht sich aus dem Haus, hinaus auf die ausgestorbenen Straßen, und fährt ins Büro. Ich murre über meinen übervollen Kalender und meine schlechte Zeitplanung. Herr Ängstlich öffnet die Bürotür, fährt den Computer hoch, starrt auf den Text, der auf dem Bildschirm erscheint, und muss über den ersten Vers lächeln: Es ist Jesu Definition von „Sorgen“:

„Darum sage ich euch: Macht euch keine Sorgen um euer Leben, ob ihr etwas zu essen oder zu trinken habt, und um euren Leib, ob ihr etwas anzuziehen habt!“ (Matthäus 6,25).

Defizite und Erschöpfung markieren unseren Lebensweg. Zu wenig Zeit, Glück, Weisheit, Intelligenz. Es scheint, als mangele es uns an allem, und deshalb machen wir uns Sorgen. Aber die Sache mit dem Sorgen-Machen funktioniert nicht:

„Seht euch die Vögel an! Sie säen nicht, sie ernten nicht, sie sammeln keine Vorräte – aber euer Vater im Himmel sorgt für sie. Und ihr seid ihm doch viel mehr wert als Vögel! Wer von euch kann durch Sorgen sein Leben auch nur um einen Tag verlängern?“ (Verse 26–27).

Durch Sorgen wird kein Vogel satt und keine Blume bunt. Die Vögel und Blumen scheinen ganz gut zurechtzukommen, und das ganz ohne Magentabletten. Und was noch schlimmer ist: Man kann sich jahrzehntelang Gedanken über sein kurzes Leben machen, und es wird dadurch doch keine Minute länger. Durch Sorgen erreicht man gar nichts.

Stellen Sie sich einmal vor, ich hätte auf das unliebsame Erwachen anders reagiert: wenn ich nicht aufgestanden wäre und mich an die Arbeit gemacht hätte, sondern mich stattdessen im Bett zusammengerollt und mein bedauernswertes Schicksal beklagt hätte. „Mein Verleger verlangt einfach zu viel! Jedes Jahr ein neues Buch. Jedes Buch muss fix und fertig sein und schon richtige Kapitel haben. Nicht einmal Jesus hätte mit diesem Stress leben können. Den Abgabetermin werde ich niemals schaffen. Und wenn ich es nicht schaffe, werden die Verlagsmitarbeiter mich hassen und meinen Vertrag kündigen. In den Buchläden wird man erfahren, dass ich meinen Abgabetermin nicht einhalten konnte, und dann werden sie alle Lucado-Bücher verbrennen. Meine Frau wird gedemütigt und meine Kinder werden geächtet. Ich glaube, ich brauche einen ‚Jack Daniel's' zum Frühstück."

Sehen Sie, was passiert? Berechtigte Bedenken haben sich in lahmende Panik verwandelt. Ich habe die Grenze zur Angst überschritten. Ich schaue nicht mehr voraus und bereite mich vor, sondern bin stattdessen zur „Oh, ich Armer!"-Bruderschaft übergelaufen. Davor warnt Jesus uns. Eine Bibelübersetzung formuliert diesen Vers folgendermaßen: „Zermartert euch nicht mit Sorgen darüber, ob ihr genug zum Essen haben werdet. Macht euch auch keinen Kopf darüber, was ihr anziehen könnt" („Das Buch"-Übersetzung).

Jesus wendet sich hier nicht dagegen, dass wir uns Gedanken um Aufgaben machen, sondern vielmehr gegen eine andauernde sorgenvolle Haltung, die Gott dabei völlig außer Acht lässt. Zerstörerisches Sorgen lässt Gott außen vor, tritt Unsicherheiten ohne Glauben gegenüber und macht die Rechnung ganz ohne Gott. Die Sorge ist wie eine Dunkelkammer, in der Negative Farbe annehmen.

Ein Freund von mir hat einmal ein solches Beispiel für zerstörerisches Sorgen bei seiner sechsjährigen Tochter beobachtet. Weil sie es eilig hatte und sich für die Schule fertig machen wollte, gelang es ihr einfach nicht, ihre Schuhe ordentlich zu schnüren. Sie ließ sich schließlich auf die unterste Treppenstufe sinken und dachte nur noch an die verknoteten Schnürsenkel. Der Schulbus kam, und die Minuten vergingen, ohne dass sie auch nur einmal daran dachte, dass ihr Vater direkt neben ihr stand und ihr jederzeit gerne geholfen hätte, wenn sie ihn gefragt hätte. Ihre Finger fingen an zu zittern und die Tränen liefen ihr übers Gesicht. Schließlich ließ sie ihren Kopf vollkommen frustriert auf die Knie sinken und schluchzte.

Das ist die Kinderversion von schädlichen Sorgen. Wie oft verknoten wir uns bis zur völligen Verzweiflung und merken gar nicht, dass unser Vater direkt neben uns steht. Mein Freund hat schließlich eingegriffen und seiner Tochter geholfen.

Warum hat sie ihren Vater nicht gleich um Hilfe gebeten? Dasselbe könnten wir auch die Jünger fragen. Die Hilfe war nur eine Bitte weit entfernt.

Jesus hatte sie zur Seite genommen. Er war traurig über die Nachricht, dass Johannes der Täufer ermordet worden war, und sagte zu seinen Jüngern: „Kommt jetzt mit, ihr allein! Wir suchen einen ruhigen Platz, damit ihr euch ausruhen könnt" (Markus 6,31).

Aber dann kam die hungrige Menge. Scharen von Menschen – fünfzehn-, ja vielleicht sogar zwanzigtausend – folgten ihm. Eine Ansammlung von Leid und Krankheit, die alle ihre Nöte mitbrachte. Jesus war freundlich zu den Menschen, aber die Jünger teilten sein Mitgefühl nicht: „Darüber wurde es Abend. Seine Jünger kamen zu ihm und sagten: ‚Es ist schon spät und die Gegend hier ist einsam. Schick doch die Leute weg! Sie sollen in die Dörfer gehen und sich etwas zu essen kaufen!'" (Matthäus 14,15).

Hoppla, da war wohl jemand etwas gereizt. Normalerweise leiteten seine Jünger ihre Bitten immer mit einem respektvollen „Herr" ein. Dieses Mal jedoch nicht. Sorge macht uns zu Tyrannen. Sie äußerten keine Bitte, sondern eine Anweisung: „Schick sie nach Hause, damit sie sich etwas zu essen kaufen können." *Meinen die etwa, wir hätten die Schlüssel zu Fort Knox und könnten sie alle einladen?* Die Jünger hatten nicht die nötigen Reserven für eine solche Menge.

Aber ihr mangelnder Respekt brachte Jesus nicht aus der Ruhe; er gab ihnen einfach eine Aufgabe: „Warum sollen sie weggehen? Gebt doch ihr ihnen zu essen!" (Vers 16). Ich kann mir vorstellen, wie die Jünger mit den Achseln gezuckt und die Augen verdreht haben, als sie ihre Vorräte zusammentrugen und überschlugen, was sie hatten. Wahrscheinlich hat Petrus den Trupp wieder lautstark angeführt. „Zählen wir mal das Brot. Eins, zwei, drei, vier, fünf. Ich habe hier fünf Laib Brot. Andreas, zähl noch mal nach." Er tut es: „Eins, zwei, drei, vier, fünf ..."

Petrus legte die Brote zur Seite und fragte nach dem Fisch. Dasselbe noch mal, nur weniger. „Fische? Mal sehen. Eins, zwei, drei ... Nein, falsch. Ich habe einen Fisch doppelt gezählt. Scheint, als hätten wir genau zwei Fische!"

Sie gaben das Ergebnis bekannt. „Wir haben nur fünf Brote und zwei Fische hier" (Vers 17). Dabei fällt das Wörtchen „nur" auf. Als wollten sie sagen: „Unsere Vorräte sind absolut armselig. Wir haben nur diese mickrige Portion." Die Benzinanzeige stand auf Reserve; die Uhr zeigte fünf vor zwölf; die Vorratskammer war leer. Philippus fügte noch seine eigene Bilanz hinzu: „Zweihundert Silberstücke wären nicht genug, um so viel zu kaufen, dass jeder auch nur einen Brocken abbekommt" (Johannes 6,7). So lautet seine verzweifelte Feststellung. „Diese Aufgabe ist zu groß für uns!"

Was, glauben Sie, hielt Jesus von ihrer Inventur? Ob er vielleicht wollte, dass sie alle Möglichkeiten in Betracht zogen? Glauben Sie, er hatte gehofft, dass irgendjemand auf die Idee kam, bis acht zu zählen?

„Schauen wir mal. Wir haben fünf Brote, zwei Fische und ... Jesus!" Jesus Christus. Der gleiche Jesus, der zu uns gesagt hat:

„Bittet und ihr werdet bekommen! Sucht und ihr werdet finden! Klopft an und es wird euch geöffnet!" (Lukas 11,9).

„Wenn ihr mit mir vereint bleibt und meine Worte in euch lebendig sind, könnt ihr den Vater um alles bitten, was ihr wollt, und ihr werdet es bekommen" (Johannes 15,7).

„Wenn ihr Gott um irgendetwas bittet, müsst ihr nur darauf vertrauen, dass er eure Bitte schon erfüllt hat, dann wird sie auch erfüllt" (Markus 11,24).

Direkt neben den Jüngern stand die Lösung ihres Problems ... aber sie fragten ihn nicht. Sie zählten nur bis sieben und machten sich dann Sorgen.

Und Sie? Zählen Sie bis sieben oder bis acht?

Hier sind acht Methoden, mit deren Hilfe Sie den Sorgen Einhalt gebieten können. Beziehen Sie sie doch in Zukunft in Ihre Rechnung mit ein:

1. *Beten Sie zuerst.* Gehen Sie nicht unruhig im Wartezimmer auf und ab; beten Sie für eine erfolgreiche Operation. Jammern Sie nicht, dass Ihre Geldanlage eingebrochen ist; bitten Sie Gott um Hilfe. Stimmen Sie nicht in das kollegiale Gejammer über den Chef ein; fordern Sie die anderen auf, mit Ihnen zusammen für den Chef zu

beten. Impfen Sie sich so gegen die Sorgen. „Überlasst all eure Sorgen Gott, denn er sorgt sich um alles, was euch betrifft!" (1. Petrus 5,7; NL).

2. *Bleiben Sie ruhig.* Machen Sie langsam. „Werde ruhig vor dem Herrn und warte gelassen auf sein Tun!" (Psalm 37,7). Machen Sie es wie die Mutter von Jesus bei der Hochzeit in Kana. Bei der Feier ging der Wein aus. Das war zu Jesu Zeiten die absolute gesellschaftliche Blamage. Maria hätte dem Gastgeber durchaus vorwerfen können, dass er das Fest schlecht vorbereitet hatte, oder den Gästen, dass sie zu viel tranken. Aber sie machte kein Drama daraus. Es gab keine Therapie oder Beratung. Stattdessen ging sie mit dem Problem direkt zu Jesus. „Als der Weinvorrat zu Ende war, sagte seine Mutter zu ihm: ‚Sie haben keinen Wein mehr!'" (Johannes 2,3). Probieren Sie einmal, wie einfach auch Sie so vorgehen können. Beurteilen Sie das Problem, bringen Sie es zu Jesus, und nennen Sie es ganz klar beim Namen.
3. *Handeln Sie entsprechend.* Verpassen Sie Ihren Sorgen eins. Behandeln Sie sie wie Schnaken. Sehen Sie ruhig zu, wenn so ein Blutsauger sich auf Ihnen niederlässt? Natürlich nicht! Sie schlagen sofort zu. Gehen Sie genauso entschlossen mit Ihren Ängsten um. Wenn eine Sorge auftaucht, setzen Sie sich sofort damit auseinander. Halten Sie nicht daran fest. Machen Sie kurzen Prozess, bevor die Sorgen Sie überwältigen. Verschwenden Sie keine Zeit damit, sich Gedanken zu machen, was Ihr Chef wohl denkt; fragen Sie ihn. Lassen Sie das Muttermal untersuchen, bevor Sie denken, es sei Krebs. Statt zu befürchten, dass Sie Ihre Schulden niemals loswerden, sollten Sie sich Rat von einem Fachmann einholen. Brüten Sie nicht lange, sondern handeln Sie.
4. *Erstellen Sie eine Sorgenliste.* Halten Sie Ihre Gedanken über einen Zeitraum von einigen Tagen einmal schriftlich fest. Erstellen Sie eine Liste mit allem, was Ihnen

Sorgen bereitet, und lesen Sie sie hinterher noch einmal durch. Was davon ist wirklich so eingetroffen? Haben Sie sich Sorgen gemacht, dass das Haus abbrennen könnte? Ist es abgebrannt? Hatten Sie Angst, dass Ihr Arbeitsplatz wegrationalisiert wird? Und – wurde er wegrationalisiert?

5. *Teilen Sie Ihre Sorgen in Kategorien ein.* Auf Ihrer Liste werden bestimmte Themen immer wieder auftauchen. Sie werden Bereiche entdecken, in denen Sie sich besonders oft Sorgen machen und die sich zu einer Manie entwickeln könnten: was andere über Sie denken, Geld, Naturkatastrophen und Kriege, Ihr Aussehen oder Ihre Leistung. Beten Sie für diese Dinge ganz besonders.
6. *Konzentrieren Sie sich auf die Gegenwart.* Gott erfüllt unsere *täglichen* Bedürfnisse nur für einen Tag, nicht für die ganze Woche oder das ganze Jahr im Voraus. Er wird Ihnen das geben, was Sie brauchen und wenn Sie es brauchen. „Lasst uns also voll Zuversicht hingehen zum Thron der Gnade, damit wir Erbarmen und Gnade finden und so Hilfe erlangen *zur rechten Zeit*" (Hebräer 4,16; EÜ). In einem alten Kirchenlied wird beschrieben, welche Haltung dieses geduldige Warten in uns bewirkt.

Weiß ich den Weg auch nicht, du weißt ihn wohl;
das macht die Seele still und friedevoll.
Ist's doch umsonst, dass ich mich sorgend müh,
dass ängstlich schlägt mein Herz, sei's spät, sei's früh.

Du weißt den Weg für mich, du weißt die Zeit,
dein Plan ist fertig schon und liegt bereit.
Ich preise dich für deiner Liebe Macht,
ich rühm die Gnade, die mir Heil gebracht.

Du weißt, woher der Wind so stürmisch weht,
und du gebietest ihm, kommst nie zu spät,

drum wart ich still, dein Wort ist ohne Trug,
du weißt den Weg für mich, das ist genug.[1]

7. *Suchen Sie sich Verbündete im Kampf gegen die Sorgen.* Erzählen Sie nahestehenden Menschen, wie es Ihnen geht. Bitten Sie sie, mit Ihnen und für Sie zu beten. Sie sind wahrscheinlich eher dazu bereit, als Sie denken. Je weniger Sie sich sorgen, desto glücklicher sind auch die anderen.
8. *Gott ist genug.* Jesus schließt seinen Aufruf zur Ruhe mit folgender Aufforderung: „Euer himmlischer Vater kennt eure Bedürfnisse. Wenn ihr für ihn lebt und das Reich Gottes zu eurem wichtigsten Anliegen macht, wird er euch jeden Tag geben, was ihr braucht" (Matthäus 6,32–33; NL).

Wer Reichtum zu seinem wichtigsten Anliegen macht, wird sich wegen jedes Euros sorgen. Wer die Gesundheit zu seinem wichtigsten Anliegen macht, wird sich wegen jedes Wehwehchens sorgen. Wer die Beliebtheit zu seinem wichtigsten Anliegen macht, für den ist jeder Konflikt ein Albtraum. Wer die Sicherheit zu seinem wichtigsten Anliegen macht, wird bei jedem Knacken zusammenzucken. Aber wer Gottes Reich zu seinem wichtigsten Anliegen macht, wird sein Ziel erreichen. Darauf können wir uns verlassen und deshalb müssen wir uns nie Sorgen darum machen.

Acht Schritte: Beten Sie zuerst. Bleiben Sie ruhig. Handeln Sie entsprechend. Erstellen Sie eine Sorgenliste. Teilen Sie Ihre Sorgen in Kategorien ein. Konzentrieren Sie sich auf die Gegenwart. Suchen Sie sich Verbündete im Kampf gegen die Sorgen. Gott ist genug.

(Ich glaube, ich sollte lieber aufhören. Es ist schon fast 17 Uhr.)

Kapitel 5

„Mein Kind ist in Gefahr!"

Die Angst, die eigenen Kinder nicht beschützen zu können

„Verzweifle nicht! Vertrau mir ganz und gar und deine Tochter wird gerettet!"
Lukas 8,50 (Hfa)

Niemand hatte mir gesagt, dass Neugeborene nachts Geräusche von sich geben. Die ganze Nacht! Sie glucksen, sie schnaufen, sie wimmern, sie winseln, sie schmatzen und seufzen. Sie halten ihren Vater die ganze Nacht wach. Zumindest hat Jenna mich wach gehalten. Ich wollte, dass Denalyn in Ruhe schlafen konnte. Wegen einer falschen Medikamentierung hatte sie sich noch nicht richtig von ihrem Kaiserschnitt erholt. Deshalb bot ich ihr an, in der ersten Nacht zu Hause mit unserem ersten Kind aufzustehen, wenn etwas war. Wir wickelten unsere 3.740 Gramm schwere Schönheit in eine rosa Decke, legten sie in die Wiege und stellten diese auf meine Seite des Bettes. Denalyn schlief schnell ein und Jenna tat es ihr nach. Und Papa? Der wusste nicht, was er von den Geräuschen des Kindes halten sollte.

Wenn Jenna langsamer atmete, hielt ich mein Ohr an ihren Mund, um zu hören, ob sie noch lebte. Wenn sie hastig atmete, schlug ich im Handbuch der Hausmedizin das Kapitel „Hyperventilation bei Kleinkindern" auf. Fing sie an, zu wimmern oder zu schnaufen, tat ich es auch. Nach einigen Stunden wurde mir klar, *ich hatte nicht die leiseste Ahnung, wie ich mich verhalten sollte!* Ich nahm Jenna aus ihrer Wiege, trug sie ins Wohnzimmer und setzte mich mit ihr in den Schaukelstuhl. Da überkam mich ein ganzer Tsunami der Ernüchterung.

„Wir tragen die Verantwortung für ein menschliches Wesen!"

Sie haben vielleicht bei einer militärischen Sondereinheit gedient und Fallschirmsprünge aus extremer Höhe hinter den feindlichen Linien gemacht. Sie haben vielleicht jeden Tag in Sekundenschnelle an der Börse Entscheidungen über Millionengeschäfte getroffen. Aber ganz gleich, wie abgebrüht Sie sind, jeder Mensch wird schwach, wenn er zum ersten Mal das ganze Gewicht der Verantwortung als Elternteil auf sich lasten fühlt.

Jedenfalls ging es mir so.

Wie bin ich da nur hineingeraten? Ich dachte zurück. Zuerst war da die Liebe, dann kam die Hochzeit, dann die Gespräche darüber, Kinder in die Welt zu setzen. Natürlich war ich nicht abgeneigt gewesen. Vor allem nicht, wenn ich an meinen Beitrag zur Realisierung des Vorhabens dachte. Irgendwie war mir während des neunmonatigen Projekts nicht klar geworden, was es hieß, Vater zu sein. Die weibliche Leserschaft nickt jetzt und grinst. „Unterschätze niemals die Dummheit eines Mannes", sagen Sie vielleicht. Stimmt. Aber Mütter haben einen großen Vorteil: Sie werden wochenlang mit Tritten und Schlägen von innen an das erinnert, was ihnen bevorsteht. Wir Männer bekommen unseren Tritt erst später. Aber wir bekommen ihn. Und für mich kam er in der nächtlichen Stille eines Wohnzimmers in Rio de Janeiro, als ich dieses menschliche Wesen im Arm hielt.

Die Furcht vor meiner Aufgabe als Vater überrollte mich

wie ein vollgeladener Lastwagen. Die Angst, das Kind zu enttäuschen, es im Stich zu lassen. Reicht das Geld? Reichen unsere Antworten? Die Windeln? Die Schränke? Was ist mit Schutzimpfungen? Schule? Hausaufgaben? Schulabschluss? Genügend Fragen, um einen nachts wach liegen zu lassen.

Und obwohl wir lernen, damit umzugehen, lauert doch ein ganzer Schwarm Gefahren im Hintergrund. Ich muss nur an die Mutter denken, die mich gestern Abend angerufen hat. Zwischen ihr und ihrem Noch-Ehemann ist der Kampf um den gemeinsamen zehnjährigen Sohn entbrannt. Das Gericht, der Vater, die Mutter, die Anwälte – von allen Seiten zerren sie an dem Jungen wie an einem Kaugummi. Sie fragt sich, ob ihr Kind diesen Albtraum überstehen wird.

Das Gleiche fragen sich die Eltern des jungen Mädchens, das beim Volleyballtraining zusammengebrochen war. Niemand hat von ihrer Herzschwäche gewusst, und niemand weiß, ob sie überleben wird. Als wir an ihrem Krankenbett beten, fallen die Tränen der Mutter auf die Bettdecke.

Aber wenigstens wissen diese Eltern, wo ihre Tochter ist. Die Mutter, die in unserer Gemeinde angerufen und gefragt hat, ob wir für ihre Tochter beten können, weiß es nicht. Das Mädchen ging in die Oberstufe und ist mit ihrem Freund durchgebrannt. Er ist drogenabhängig, sie ist in ihn verknallt, und jetzt stecken beide in Schwierigkeiten. Die Mutter fleht um Hilfe.

Angst-Fabriken brauen ein hochdosiertes Gebräu aus herzzerreißenden, zutiefst schockierenden Erfahrungen für alle Eltern zusammen. Ob es die Eltern sind, die vor der Neugeborenen-Station Wache halten, ihr Kind in der Jugendstrafanstalt besuchen oder ein umstürzendes Fahrrad und den Aufschrei eines Kindes auf der Straße hören – die Reaktion ist immer die gleiche: „Ich muss etwas tun!“ Kein Vater und keine Mutter kann still sitzen bleiben, wenn das eigene Kind leidet.

Auch Jarus konnte das nicht.

„Als Jesus ans andere Seeufer zurückkam, empfing ihn die Volksmenge voll Freude; alle hatten auf ihn gewartet. Da trat ein Mann namens Jarus auf ihn zu. Er war der Synagogenvorsteher am Ort. Er warf sich vor Jesus nieder und bat ihn, doch in sein Haus zu kommen; seine etwa zwölfjährige Tochter, sein einziges Kind, lag nämlich im Sterben. Unterwegs umdrängten die Leute Jesus so, dass sie ihn fast erdrückten" (Lukas 8,40–42).

Jarus war ein angesehener Mann in Kapernaum, „einer der Vorsteher der örtlichen Synagoge" (Markus 5,22). Er war Bürgermeister, Bischof, Bürgerbeauftragter, alles in einem. Er war einer, den man schickte, um berühmten Besuch in Empfang zu nehmen. Aber als Jarus am Seeufer zu Jesus kam, kam er nicht im Auftrag seines Dorfes; er kam wegen seines Kindes.

In der Not ließ er alle Förmlichkeiten außer Acht. Statt einer offiziellen Begrüßung gab es nur ein flehentliches Gebet. Im Markusevangelium heißt es: „... kam ein Synagogenvorsteher namens Jarus, sah ihn, warf sich vor ihm nieder und bat ihn dringlich: ‚Meine kleine Tochter ist todkrank. Komm doch und leg ihr die Hände auf, damit sie gerettet wird und am Leben bleibt!'" (Markus 5,22–23).

Jarus ist nicht der Einzige, der es mit seinem Flehen um sein Kind in die Evangelien geschafft hat. Eine Mutter aus dem kanaanäischen Hügelland kam zu Jesus gerannt und schrie: „Herr, du Sohn Davids, hab Erbarmen mit mir! Meine Tochter wird von einem bösen Geist sehr geplagt" (Matthäus 15,22).

Der Vater eines Jungen mit epileptischen Anfällen bat erst die Jünger um Hilfe, dann Jesus. Unter Tränen rief er: „Ich vertraue ihm ja – und kann es doch nicht! Hilf mir vertrauen!" (Markus 9,24).

Die kanaanitische Frau, der Vater des epileptischen Jungen und Jarus – sie alle haben eines gemeinsam: Sie kämpfen für ihre leidenden Kinder. Sie waren am Ende der Fahnenstange angelangt, klammerten sich mit einer Hand daran fest und streckten die andere nach Jesus aus. Und jedes Mal antwortete Jesus auf ihr Flehen. Keinen von ihnen wies er ab.

Seine beständige Freundlichkeit macht deutlich: Jesus nimmt die Sorgen von Eltern ernst.

Schließlich sind unsere Kinder in erster Linie auch seine Kinder. „Kinder sind eine Gabe des Herrn, die Frucht des Leibes ist sein Geschenk" (Psalm 127,3; EÜ). Bevor wir sie bekamen, gehörten sie ihm. Und selbst nachdem wir sie bekommen haben, gehören sie immer noch ihm.

Das vergessen wir oft und betrachten unsere Kinder als „unsere" Kinder, als hätten wir das letzte Wort, was ihre Gesundheit und ihr Wohlergehen angeht. Aber das haben wir nicht. Alle Menschen gehören Gott, auch die kleinen Menschen an unserem Tisch. Wer seine Kinder regelmäßig an Gott abgibt, handelt daher klug.

Abraham hat es uns vorgemacht. Der „Vater des Glaubens" war auch der Vater von Isaak. Abraham und Sarah hatten fast ein ganzes Jahrhundert auf diesen Sohn gewartet. Ich weiß nicht, was erstaunlicher ist: dass Sarah im Alter von neunzig Jahren schwanger wurde oder dass die beiden in ihrem Alter noch versucht haben, Kinder zu bekommen. Von allen Geschenken Gottes war Isaak das größte. Und von allen Weisungen Gottes war das die härteste: „‚Nimm deinen Sohn', sagte Gott, ‚deinen einzigen, der dir ans Herz gewachsen ist, den Isaak! Geh mit ihm ins Land Morija auf einen Berg, den ich dir nennen werde, und opfere ihn mir dort als Brandopfer'" (1. Mose 22,2).

Abraham sattelte den Esel, nahm Isaak und zwei Knechte mit und reiste an den Ort, an dem er das Opfer bringen sollte. Als er den Berg in der Ferne sah, wies er die beiden

Knechte an zu warten. Und dann sagte er etwas, das besondere Aufmerksamkeit verdient hat: „Bleibt hier mit dem Esel! Ich gehe mit dem Jungen dort hinauf, um mich vor Gott niederzuwerfen; dann kommen wir wieder zurück" (1. Mose 22,5).

Beachten Sie nur Abrahams zuversichtliches „Dann kommen *wir* wieder zurück". „Abraham traute es Gott zu, dass er Isaak sogar von den Toten auferwecken könnte, und bildlich gesprochen hat Gott Isaak das Leben ja auch noch einmal geschenkt" (Hebräer 11,19; Hfa). Gott unterbrach Abrahams Opferung und schenkte Isaak das Leben.

Jarus erhoffte sich das Gleiche in Bezug auf seine Tochter. Er flehte Jesus an, zu ihm nach Hause zu kommen (Lukas 8,41). Der Vater gab sich nicht mit Hilfe aus der Ferne zufrieden; er wollte, dass Jesus sich in seine vier Wände begab, am Bett seiner Tochter stand. Er wollte, dass die Gegenwart Christi sein Haus durchdrang.

Meine Frau teilt dieses Verlangen. Eines Tages werde ich Gott fragen: „Warum warst du so gut zu meinen Töchtern und mir?", und dann wird er auf Denalyn zeigen und antworten: „Sie hat die ganze Zeit nur von dir und den Kindern gesprochen." Denalyn geht regelmäßig durch unser Haus und betet in jedem Zimmer. Sie betet für ihre Töchter und ihren Mann. Sie nimmt die Einladung in Klagelieder 2, Vers 19 sehr ernst: „Geh und suche seine Nähe, schütte dein ganzes Herz bei ihm aus! Streck ihm deine Hände entgegen; flehe ihn an für deine Kinder."

Liebe Eltern, das dürfen wir auch tun. Wir dürfen treue Fürsprecher und hartnäckige Beter sein. Wir dürfen mit unseren elterlichen Ängsten zu Jesus kommen. Wenn wir es nicht tun, werden unsere Kinder unsere Ängste zu spüren bekommen. Die Angst macht nämlich manche Eltern zu paranoiden Gefängniswärtern, die ihre Kinder keinen Augenblick aus den Augen lassen und die Herkunft all ihrer Freunde überprüfen. Sie behindern die Entwicklung ihrer Kinder und verbreiten Misstrauen. Wenn ein Kind in seiner Familie keinen Freiraum mehr hat, erstickt es irgendwann.

Andererseits können Eltern durch Angst auch *zu* tolerant werden. Aus Angst, ihr Kind könnte sich zu sehr eingeengt fühlen, setzen sie keine Grenzen mehr. Es gibt eine Überdosis an Zärtlichkeit, aber viel zu wenig Disziplin. Ihnen ist nicht klar, dass ein angemessenes Maß an Disziplin ebenfalls ein Ausdruck von Liebe ist. Tolerante Eltern – paranoide Gefängniswärter. Wie können wir vermeiden, in diese Extreme zu verfallen? Durch Gebet.

Das Gebet ist wie eine Schale, in die man seine elterlichen Sorgen gießen kann, um sie auskühlen zu lassen. Jesus hat nur ganz wenig zum Thema „Erziehung" gesagt und sich nie zu Themen wie Ohrfeigen, Stillen, Geschwisterrivalität oder Schule geäußert. Aber sein Verhalten spricht Bände über das Thema „Gebet". Jedes Mal, wenn ein Vater oder eine Mutter betet, antwortet Jesus. Und was sagt er den Eltern? „Bringt eure Kinder zu mir. Lasst sie umgeben von Gebeten wie in einem Gewächshaus aufwachsen."

Wenn sie morgens aus dem Haus gehen, dann lassen Sie sie mit Ihrem Segen gehen. Wenn Sie ihnen abends Gute Nacht sagen, decken Sie sie mit Gebeten zu. Ringt Ihre Tochter mit einem Berg von Erdkunde-Hausaufgaben? Beten Sie mit ihr. Beten Sie, dass Ihre Kinder wissen, wo ihr Platz in dieser Welt ist, und dass sie einen Platz im Himmel haben.

Vor einigen Jahren habe ich einmal einen Vater erlebt, der dieses Prinzip im Sonntagsgottesdienst sehr ernst genommen hat. Während wir Abendmahl feierten, hörte ich, wie ein kleiner Junge fragte: „Was ist das, Papa?"

Sein Vater erklärte ihm die Bedeutung des Brotes und betete dann.

Der Junge war wieder ruhig, bis der Becher mit dem Wein kam. Dann fragte er wieder: „Was ist das, Papa?"

Der Vater erklärte ihm wieder die Bedeutung von Blut und Kreuz und dass der Wein ein Symbol für das Blut Jesu sei. Dann betete er.

Angesichts der riesigen Herausforderung, dem Jungen das zu erklären, musste ich grinsen. Als ich mich umdrehte, um dem Vater einen verständnisvollen Blick zuzuwerfen, sah ich, dass es sich dabei um David Robinson, den Nationalspieler der Basketballmannschaft der *San Antonio Spurs*, handelte. Auf seinem Schoß saß sein sechsjähriger Sohn David jr.

Keine vierundzwanzig Stunden zuvor hatte David noch mit den *Spurs* in einem Ausscheidungsspiel gegen die *Phoenix Suns* gestanden. Und innerhalb der nächsten vierundzwanzig Stunden würde David wieder in Phoenix sein und nochmals spielen. Aber zwischen diesen beiden wichtigen Wettkämpfen, die im ganzen Land im Fernsehen übertragen wurden, war er David, der Vater. Nicht David, der berühmte Basketballer oder Goldmedaillen-Gewinner, sondern David, der Vater, der David, dem Sohn, die Bedeutung des Abendmahls erklärte.

Welches war wohl das wichtigere Ereignis an diesem Wochenende? Die Basketballspiele oder der Gottesdienst? Was hat Auswirkungen für die Ewigkeit? Die Körbe, die er warf, oder die Predigt in der Kirche? Was hat den größeren Einfluss auf das Leben des kleinen David? Seinen Vater Basketball spielen zu sehen oder ihn beten zu hören?

Liebe Eltern, wir können unsere Kinder nicht vor allen Bedrohungen des Lebens schützen, aber wir können sie zur Quelle des Lebens bringen. Wir können unsere Kinder Jesus anvertrauen.

Aber auch dann können unsere Hilferufe von einer schwierigen Entscheidung gefolgt sein.

Während Jesus mit Jarus zu dessen Haus ging, „kam jemand aus dem Haus des Jaïrus gelaufen und rief: ‚Deine Tochter ist gestorben. Es hat keinen Zweck mehr, den

Meister zu holen.' Jesus hörte das und sagte zu dem Vater: ,Verzweifle nicht! Vertrau mir ganz und gar, und deine Tochter wird gerettet!'" (Lukas 8,49–50; Hfa).

Jarus war hin- und hergerissen zwischen diesen beiden widersprüchlichen Botschaften. Sein Knecht sagte: „Deine Tochter ist tot." Aber Jesus erklärte ihm: „Verzweifle nicht!" Auf der einen Seite blanker Horror, auf der anderen Hoffnung. Verzweiflung gegen Vertrauen. Jarus hörte zwei Stimmen und musste sich entscheiden, auf welche er hören wollte.

Müssen wir das nicht alle?

In Wirklichkeit ist es doch so: Man kann als Vater oder Mutter sein Bestes geben und am Ende trotzdem da landen, wo Jarus stand. Man kann seine Kinder so viel beschützen und umbeten, wie man will, und versuchen, alle Bösewichte fernzuhalten, und dann steht man doch mitten in der Nacht in der Notaufnahme oder fährt am Sonntag zu Besuch in die Drogen-Rehaklinik und hat die Wahl zwischen zwei Stimmen: Verzweiflung und Vertrauen. Jarus hätte sich für die Verzweiflung entscheiden können. Wer hätte ihm einen Vorwurf gemacht, wenn er gesagt hätte: „Es reicht jetzt!"? Es gab keinerlei Garantie dafür, dass Jesus wirklich helfen konnte. Jarus' Tochter war tot. Jarus hätte sich umdrehen und gehen können. Aber wir Eltern sind so froh, dass er es nicht getan hat. So konnten wir erfahren, was Jesus tut, wenn wir ihm unsere Kinder anvertrauen.

Er hat die Familie vereint. „Als er zum Haus kam, ließ er nur Petrus, Johannes und Jakobus mit hineingehen und dazu den Vater des Kindes und die Mutter" (Lukas 8,51).

Jesus hat die Mutter mit einbezogen. Bis zu diesem Punkt war sie nicht in Erscheinung getreten, aus welchem Grund auch immer. Vielleicht war sie am Bett ihrer Tochter geblieben. Oder sie war sich mit ihrem Mann nicht einig. Eine Krise kann eine Familie spalten. Die Belastung, sich um ein krankes oder problematisches Kind zu kümmern, kann einen Keil zwischen Eltern treiben. Aber hier hat Jesus sie vereint. Stellen Sie sich einmal vor, wie Jesus an der Haustür stehen bleibt und die verzweifelte Mutter zu sich winkt. Das musste er nicht tun. Er hätte auch ohne sie zu dem Mädchen eilen können. Aber er wollte, dass Mutter und Vater in dieser schwierigen Situation vereint waren. Jesus versammelte die ganze, wenn auch kleine Familie am Bett der Tochter.

Und er hat den Unglauben verbannt. „Alle klagten und weinten um die Tote, aber Jesus sagte: ‚Hört auf zu weinen! Das Kind ist nicht tot, es schläft nur!' Da lachten sie ihn aus, denn jeder wusste, dass das Mädchen tot war. Jesus schickte sie alle weg" (Verse 52–54; Hfa).

Er befahl dem Zweifel zu verschwinden und ließ nur Glaube und Hoffnung zu. Und in dieser kleinen, vertrauensvollen Runde „fasste er die Tote bei der Hand und rief: ‚Kind, steh auf!' Da wurde das Mädchen wieder lebendig, stand auf, und Jesus ließ ihr etwas zu essen bringen. Die Eltern konnten kaum fassen, was sie erlebt hatten" (Verse 54–56).

Gott fühlt mit leidenden Eltern. Überrascht uns das? Schließlich ist Gott selbst Vater. Gibt es ein elterliches Gefühl, das er nicht kennt? Sind Sie von Ihrem Kind getrennt? Das war Gott auch. Behandelt irgendjemand Ihr Kind schlecht? Seinen Sohn haben sie verspottet und misshandelt. Werden Ihre Kinder ausgenutzt? Der Sohn Gottes wurde wegen falscher Zeugen verurteilt und von einem habgierigen Jünger verraten. Müssen Sie tatenlos zusehen, wie Ihr Kind leidet? Gott musste seinen Sohn am Kreuz sterben sehen. Würden Sie Ihrem Kind gerne allen Kummer ersparen? Das hätte Gott auch gerne getan. Aber weil er uns so sehr liebt, „[hat Gott] nicht einmal seinen eigenen Sohn verschont, sondern hat ihn für uns alle gegeben. Und wenn Gott uns Christus gab, wird er uns mit ihm dann nicht auch alles andere schenken?" (Römer 8,32; NL). „Alles andere" schließt ganz sicher auch Mut und Hoffnung mit ein.

Einigen von Ihnen fällt es vielleicht schwer, die Geschichte von Jarus nachzuvollziehen. Sie haben genauso gebetet wie er, und trotzdem standen Sie am Ende auf dem Friedhof und haben die dunkelste Stunde erlebt, die Eltern erleben können: den Tod des eigenen Kindes. Es gibt keinen größeren Schmerz. Welche Hoffnung kann Ihnen da die Geschichte von Jarus noch bieten? Jesus hat Jarus' Tochter vom Tod auferweckt. Aber warum hat er Ihr Kind nicht gerettet?

Gott versteht Ihre Fragen. Auch er hat seinen Sohn begraben. Er hasst den Tod noch mehr als Sie. Deshalb hat er ihn vernichtet. Gott „hat dem Tod die Macht genommen und das unvergängliche Leben ans Licht gebracht" (2. Timotheus 1,10). Für diejenigen, die Gott vertrauen, ist der Tod nur der Übergang zum ewigen Leben. Sie können Ihr Kind vielleicht nicht mehr in den Arm nehmen, aber es ist jetzt in den Armen Gottes in Sicherheit.

Andere befinden sich vielleicht schon lange in Jarus' Lage. Sie sind schon lange vom Seeufer aufgebrochen, wo Sie Jesus angefleht haben, aber Sie sind immer noch nicht zu Hause angekommen, wo Sie die Erhörung Ihrer Gebete erleben dürfen. Sie haben für Ihr Kind schon einen ganzen Monsun an Tränen geweint – jedenfalls genug, um die Aufmerksamkeit aller Engel im Himmel auf sich zu ziehen. Manchmal hatten Sie schon das Gefühl, dass Sie der Erhörung ganz nahe waren, dass Jesus mit Ihnen nach Hause ging. Aber jetzt sind Sie sich nicht mehr sicher. Sie fühlen sich allein und fragen sich, ob Jesus Sie und Ihr Kind vergessen hat.

Das hat er nicht. Er weist niemals das Gebet von Eltern ab. Bringen Sie Ihr Kind immer wieder zu Gott, dann wird Gott es Ihnen zu seiner Zeit und auf seine Art wieder zurückgeben.

Damals, vor einem Vierteljahrhundert, habe ich meine Tochter mitten in der Nacht Gott anvertraut. Als ich mit ihr in unserem neuen Schaukelstuhl saß, erinnerte ich mich daran, wie Abraham Isaak auf den Altar gelegt hatte, und beschloss, das Gleiche zu tun. Also folgte ich dem Beispiel des Hundertjährigen, machte unser Wohnzimmer zum Berg Moriah und hob meine Tochter in Richtung Himmel hinauf. *Ich kann dieses Mädchen nicht großziehen*, gestand ich, *aber du kannst es. Ich gebe es dir zurück.*

Welch ein Anblick! Ein Vater im Schlafanzug hebt sein in eine Decke gewickeltes Baby hoch. Aber ich habe das Gefühl, dass es Eltern geben wird, die das zu schätzen wissen, unter anderem auch Abraham, Jarus und natürlich Gott.

Kapitel 6

„Hilfe, ich gehe unter!"

Die Angst vor übermächtigen Herausforderungen

„Fasst Mut! Ich bin's, fürchtet euch nicht!"
Matthäus 14,27

Vor dem Flug sehe ich noch aus wie eine Tom-Cruise-Version mittleren Alters aus „Top Gun": Fliegerhelm, Pilotenanzug und ein Grinsen von einem Ohr bis zum anderen. Nach dem Flug ist „Top Gun" Geschichte. Ich bin weiß wie ein Bettlaken. Ich habe Schlagseite, und mein Gesichtsausdruck ist so versteinert wie der Beton der Landebahn, auf der wir gerade gelandet sind. Diese Veränderung verdanke ich einer einstündigen Luftakrobatik-Nummer in dreitausend Metern Höhe.

Ich saß im Cockpit direkt hinter Oberstleutnant Tom McClain. Einen Monat vor seiner Pensionierung lud er mich ein, ihn auf einem Orientierungsflug zu begleiten. Die Einladung umfasste das ganze Programm:

- medizinische Untersuchung (wo mein Gewicht für den Schleudersitz ermittelt wurde);
- Einweisung in die Sicherheitsvorkehrungen (wo ich übte, den Griff am Schleudersitz zu betätigen);

- zur Übung einmal im Geschirr eines Übungsfallschirms hängen (um nachzuempfinden, wie ich nach dem Auslösen des Schleudersitzes wieder auf die Erde käme).

Frage an die PR-Abteilung der Luftwaffe: Könnte man die Bedeutung des Themas „Schleudersitz" irgendwie etwas schmälern? Letzten Endes haben wir ihn nämlich gar nicht gebraucht. Keine schlechte Leistung, wenn man bedenkt, dass wir steil nach oben geflogen und dann wieder im Sturzflug hinuntergeschossen sind, manchmal mit einer Geschwindigkeit von dreitausend Metern pro Minute. Stellen Sie sich einfach eine Achterbahn ohne Schienen vor. Wir sind zusammen mit einer anderen T-6 geflogen. Einmal waren die Spitzen der Tragflächen der beiden Flugzeuge gerade mal zwei Meter voneinander entfernt. So nahe will ich jemandem nicht einmal im Einkaufszentrum kommen!

Das habe ich aus einer Stunde Luftakrobatik gelernt:

- Kampfflieger sind unterbezahlt. Ich habe keine Ahnung, wie hoch ihr Sold ist, aber auf jeden Fall nicht hoch genug. Jeder, der bereit ist, sein Land bei einer Geschwindigkeit von über eintausend Kilometern pro Stunde zu verteidigen, hat einen Zuschlag verdient.
- Die Bezeichnung „g" für die Schwerkraft ist sehr treffend. Sie kommt wohl von den unkontrollierten Lauten, die ein Pastor bei einem Looping von sich gibt: „G-g-g-großer G-G-Gott!"
- Der Funkrufname des Piloten steht hinten auf seinem Helm.

Und sie haben richtig tolle Rufnamen: Iceman (Eismann), Buff (Muskelprotz), Hatchet (Axt). Meiner war Max. Echt cool, was? Oberstleutnant McCain hört auf den Namen T-Mac (wie der Basketballer Tracy McGrady). So steht es hinten auf seinem Helm, kurz über dem unteren Rand. Das weiß ich ganz genau. Ich habe nämlich fünfzig der sechzig Minuten in der Luft daraufgestarrt. Ich habe ihn vorwärts und rückwärts gelesen und Wörter damit gebildet: **T**rau **M**ehr **A**uf **C**hristus. Ich wagte es nicht, irgendwo anders hinzuschauen. Der Horizont schlingerte und die Instrumentenanzeige auch. Wenn ich die Augen zumachte, wurde mir nur noch mehr übel. Also starrte ich auf T-Mac. Schließlich war er derjenige mit fast sechstausend Stunden Flugerfahrung.

Sechstausend Stunden! Er hat mehr Zeit damit verbracht, Flugzeuge zu fliegen, als ich damit, Pizza zu essen. Dieser Gedanke kam mir, als ich mein Abendessen vom Vortag bereute. Sechstausend Stunden! Das sind acht Monate Tag und Nacht rund um die Uhr in der Luft. Lange genug, um 143-mal um die Erde zu fliegen. Kein Wunder, dass er gelächelt hat, als wir eingestiegen sind. Dieser kleine Ausflug war für ihn wie Fahrrad fahren mit Stützrädern. Ich habe sogar gehört, wie er bei einer Kurve mit fast senkrecht stehenden Tragflächen eine Melodie gesummt hat.

Ich brauchte nicht lange, um herauszufinden, wo ich hinstarren musste: nicht nach unten und nicht nach draußen, sondern auf den Piloten. Wenn mit T-Mac alles in Ordnung war, ging es mir auch gut. Ich wusste, wo ich bei Turbulenzen hinschauen musste.

Petrus musste diese Lektion auf die harte Tour lernen. Denken wir uns statt des Flugzeugs ein zehn Meter langes Fischerboot und statt des Himmels über San Antonio den See Genezareth, dann sehen wir die Parallelen. „Das Boot mit den Jüngern war inzwischen weit draußen auf dem See. Der Wind trieb ihnen die Wellen entgegen und machte ihnen schwer zu schaffen“ (Matthäus 14,24).

Was Seen angeht, so gehört der See Genezareth eher zu den kleinen – er ist nur 21 Kilometer lang und zwölf breit – und launisch. Seine geringe Größe macht ihn umso anfälliger für die stürmischen Winde, die von den Golanhöhen herabwehen. Da sie schnell die Richtung wechseln, wühlen sie den See auf wie ein riesiger Mixer. Im Winter kommt etwa jede zweite Woche ein solcher Sturm auf, der das Wasser manchmal zwei bis drei Tage lang aufwühlt.[1]

Petrus und seine Bootsgenossen wussten, dass sie ernsthaft in Schwierigkeiten steckten. Aus einer gemütlichen einstündigen Bootsfahrt wurde ein Kampf, der die ganze Nacht dauerte. Das Boot wurde von den Wellen hin und her geworfen wie ein Drachen im stürmischen Herbstwind. Die Sonne hatten sie schon lange nicht mehr gesehen. Es goss wie aus Kübeln. Blitze zuckten und erleuchteten den pechschwarzen Nachthimmel. Der Wind riss am Segel und das Boot mit den Jüngern war „schon mitten auf dem See und wurde von den Wellen hin und her geworfen". Trifft diese Beschreibung vielleicht das, was Sie gerade durchmachen? Vielleicht müssen wir nur ein paar Wörter austauschen:

„... mitten in einer Scheidung und von Schuldgefühlen hin und her geworfen."
„... mitten in Schulden und von Gläubigern hin und her geworfen."
„... mitten in einer Wirtschaftskrise und von Konjunkturpaketen und Bürgschaften hin und her geworfen."

Die Jünger kämpften, nass bis auf die Haut, neun eisige Stunden gegen den Sturm. Und gegen vier Uhr morgens geschah das Undenkbare: Sie sahen, wie jemand auf dem Wasser auf sie zukam, „und sagten: ‚Ein Gespenst!', und schrien vor Angst" (Vers 26).

Sie hatten nicht damit gerechnet, dass Jesus so zu ihnen kommen würde.

Und wir rechnen auch nicht damit. Wir erwarten, dass er in schönen Kirchenliedern oder Gottesdiensten oder Zeiten der Stille zu uns kommt. Wir rechnen mit ihm in unserer morgendlichen Andacht, unseren Gemeindeveranstaltungen und unseren Gebetszeiten. Wir würden niemals an der Börse, in einer Kündigung, einem Gerichtsverfahren, bei einer Zwangsvollstreckung oder im Krieg mit ihm rechnen. Wir erwarten ihn nicht im Sturm. Aber gerade im Sturm zeigt er sich, denn dann hat er unsere volle Aufmerksamkeit.

Jesu Reaktion auf die Angst der Jünger ist es wert, in jeden Torbogen an jeder Kirche und jedem Haus gemeißelt zu werden. „Fasst Mut! Ich bin's, fürchtet euch nicht!" (Vers 27). Diese Worte schenken Kraft, wenn man auf der Intensivstation aufwacht und der Ehepartner sagt: „Ich bin da." Wenn man die Rücklagen für die Rente verloren hat, aber die Familie einem unter die Arme greift und sagt: „Wir sind da." Wenn der kleine F-Jugend-Fußballer die Eltern am Rand des Spielfelds entdeckt und weiß: *Sie sind da.* Vielleicht wiederholt Gott deshalb die „Ich bin da"-Botschaft so oft.

„Der Herr ist nahe" (Philipper 4,5; EÜ).

„Ich bin in meinem Vater, ihr seid in mir und ich bin in euch" (Johannes 14,20; EÜ).

„Ich bin immer bei euch, jeden Tag, bis zum Ende der Welt" (Matthäus 28,20).

„Ich gebe ihnen das ewige Leben und sie werden niemals umkommen. Niemand kann sie mir aus den Händen reißen" (Johannes 10,28).

„Nichts kann uns von seiner Liebe trennen. Weder Tod noch Leben, weder Engel noch Mächte, weder unsere Ängste in der Gegenwart noch unsere Sorgen um die Zukunft, ja nicht einmal die Mächte der Hölle können uns von der Liebe Gottes trennen" (Römer 8,38; NL).

Wir können nirgends hingehen, wo Gott nicht schon ist. Schauen Sie sich einmal über die Schulter, dann sehen Sie, dass Gott Ihnen folgt. Blicken Sie sich im Sturm um: Jesus kommt zu Ihnen.

Man muss Petrus zugutehalten, dass er Jesus beim Wort nahm: „‚Herr, wenn du es bist, dann befiehl mir, auf dem Wasser zu dir zu kommen!' ‚Komm!', sagte Jesus. Petrus stieg aus dem Boot, ging über das Wasser und kam zu Jesus" (Matthäus 14,28–29).

Auf einem ruhigen See hätte Petrus diese Bitte niemals vorgebracht. Wäre Jesus auf einem spiegelglatten See daherspaziert gekommen, hätte Petrus zwar Beifall geklatscht, aber ich bezweifle, dass er aus dem Boot gestiegen wäre. Stürmische Zeiten veranlassen uns zu nie da gewesenen Schritten. Einige historische Augenblicke und schockierende Momente lang wagte Petrus das Unmögliche. Er setzte sich über alle Naturgesetze hinweg und überwand die Schwerkraft. „Er ging über das Wasser und kam zu Jesus."

Meine Verleger hätten eine so knappe Aussage nicht zugelassen. Sie hätten den Rand des Manuskriptes mit Rotstift vollgekritzelt: „Genauer! Wie schnell war Petrus aus dem Boot gestiegen? Was taten die anderen Jünger? Beschreibe seinen Gesichtsausdruck. Ist er auf einen Fisch getreten?"

Matthäus blieb keine Zeit für derlei Fragen. Er kam gleich auf die wichtigste Botschaft dieses Ereignisses zu sprechen: wohin wir im Sturm den Blick richten sollen. „Als er dann aber die hohen Wellen sah, bekam er Angst. Er begann zu sinken und schrie: ‚Hilf mir, Herr!'" (Vers 30).

Eine Wasserwand versperrte ihm die Sicht. Eine Sturmböe knickte den Mast des Bootes ab, als wäre dieser ein Streichholz. Ein heller Blitz erleuchtete den See oder besser gesagt das Gebirge aus Wasser, in das er sich verwandelt hatte. Petrus löste seine Aufmerksamkeit von Jesus und richtete sie stattdessen auf die Brecher – und in diesem Augenblick ging er unter wie ein Backstein. Wenn wir dem Sturm mehr Aufmerksamkeit schenken als demjenigen, der die Fähigkeit besitzt, den Sturm zu stillen, wird uns das Gleiche passieren.

Ob wir in einen Sturm geraten oder nicht, haben wir nicht in der Hand. Aber worauf wir unseren Blick im Sturm richten, das sehr wohl. Ich habe ein ganz praktisches Beispiel dafür erlebt, als ich im Sprechzimmer meines Kardiologen saß. Mein Herz schlug unregelmäßig. Es schlug mit der Geschwindigkeit eines Rennautos im Rhythmus eines Morsecodes. Also suchte ich einen Herzspezialisten auf. Nachdem er mir einige Fragen gestellt und die Untersuchungsergebnisse studiert hatte, nickte der Arzt vielsagend und bat mich, in seinem Sprechzimmer auf ihn zu warten.

Schon als Kind mochte ich es gar nicht, wenn ich in das Büro des Schulleiters zitiert wurde. Und ich mag es auch nicht, als Patient ins Sprechzimmer des Arztes gerufen zu werden. Aber ich ging hinein, setzte mich und bemerkte gleich die zahlreichen Urkunden und Diplome an der Wand. Sie hingen überall und stammten von unterschiedlichen Einrichtungen: eine Urkunde von der Uni. Eine weitere aus seinem Anerkennungsjahr. Eine dritte Urkunde von seiner Frau. (Kleine Pause, um abzuwarten, dass Sie lachen.)

Je länger ich seine Auszeichnungen studierte, desto wohler fühlte ich mich. *Hier bin ich in guten Händen.* Als ich mich entspannt im Stuhl zurücklehnte, kam die Schwester herein und reichte mir ein Blatt Papier. „Der Doktor kommt gleich“, erklärte sie. „Inzwischen sollen Sie sich das schon einmal durchlesen. Das ist das Ergebnis der Untersuchung.“

Ich richtete meine Aufmerksamkeit auf die Unterlagen und wandte den Blick von seinen Auszeichnungen ab. Als ich zu lesen begann, blies mir der Wind ganz schön entgegen. So hässliche Worte wie „Herzflimmern“, „Herzrhythmusstörung", „embolischer Infarkt" und „Blutgerinnsel" ließen mich in meinem ganz persönlichen See Genezareth versinken.

Was war aus meinem inneren Frieden geworden? Noch vor wenigen Augenblicken war es mir viel besser gegangen. Also änderte ich meine Strategie. Diagnose gegen Diplome. Nach jedem Abschnitt mit schlechten Nachrichten sah ich wieder auf die Wand mit all den guten Nachrichten. Ich denke, Gott möchte, dass wir genau das tun, wenn uns der Wind entgegenbläst.

Wenn er uns auffordert, mutig zu sein, meint er damit nicht, dass wir naiv oder ahnungslos sein sollen. Wir sollen unsere Augen nicht vor den überwältigenden Herausforderungen verschließen, vor die uns das Leben stellt, sondern wir sollen ihnen begegnen, indem wir uns Gottes „Leistungen" genau anschauen: „Darum müssen wir umso aufmerksamer auf das achten, was wir gehört haben, damit wir nicht vom Weg abkommen" (Hebräer 2,1; EÜ). Tun Sie alles, damit Sie den Blick nicht von Jesus abwenden.

Als eine gute Bekannte mehrere Tage am Krankenhausbett ihres Mannes verbrachte, munterte sie sich selbst mit Liedern auf. Alle paar Minuten ging sie ins Badezimmer und sang einige Verse von „Bleibend ist deine Treu". Folgen Sie ihrem Beispiel! Lernen Sie Bibelverse auswendig. Lesen Sie die Biografien beeindruckender Persönlichkeiten. Denken Sie über die Erfahrungen anderer Christen nach. Entscheiden Sie sich bewusst dafür, Ihre Hoffnung auf Jesus zu setzen. Es ist immer möglich, mutig zu sein.

C. S. Lewis schrieb einmal dazu:

„*Glaube* [...] *ist die Fähigkeit, allen Gefühlsschwankungen zum Trotz an Überzeugungen festzuhalten, die man einmal als richtig erkannt hat. Stimmungen wechseln, ganz gleich, was unser Verstand auch meint. Das weiß ich aus Erfahrung. Auch heute noch kann es geschehen, dass mir das ganze Christentum höchst unwahrscheinlich vorkommt, während ich früher, als Atheist, das Christentum von Zeit zu Zeit unerhört überzeugend fand. [...] Darum ist der Glaube eine so wichtige Tugend. Wem es nicht gelingt, seine Emotionen an ihren Platz zu verweisen, der kann kein richtiger Christ, ja nicht einmal ein richtiger Atheist sein; er bleibt ein hin- und hergerissenes Geschöpf, dessen Glaube vom Wetter oder von der Verdauung abhängig ist.*"[2]

Nähren Sie Ihre Ängste, dann verhungert Ihr Glaube.

Nähren Sie Ihren Glauben, dann verhungern Ihre Ängste.

Und genau das hat auch Jeremia getan. Und wenn einer einen Sturm erlebte, dann er! Wandern Sie auf der Zeitachse einmal nach links, bis etwa sechshundert Jahre vor Christi Geburt, und lernen Sie von dem alttestamentlichen Propheten. „Ich bin der Mann, der viel gelitten hat unter den zornigen Schlägen des Herrn. Ich bin es, den er vor sich hertrieb, immer tiefer in die dunkelste Nacht. Immer nur mich traf seine Faust, Tag für Tag, ohne einzuhalten" (Klagelieder 3,1–3).

Jeremia war so deprimiert wie eine Giraffe mit einem steifen Nacken. Jerusalem wurde belagert, sein Volk wurde unterdrückt. Seine Welt war zusammengebrochen wie eine Sandburg bei einem Wirbelsturm. Er gab Gott die Schuld an seinem Gefühlszustand. Und er gab Gott die Schuld an seinem körperlichen Leid. „Er lässt meine Haut und mein Fleisch zerfallen und zerbricht mir alle meine Knochen" (Vers 4).

Sein Körper schmerzte. Sein Herz war krank. Sein Glaube war verkümmert. „Von allen Seiten schließt er mich ein, er umstellt mich mit Bitterkeit und Qual" (Vers 5). Jeremia hatte das Gefühl, in einer Sackgasse zu stecken. „Er hat mich ummauert und in Ketten gelegt, aus diesem Gefängnis gibt es keinen Ausweg. Ich kann um Hilfe schreien, so viel ich will – mein Rufen dringt nicht durch bis an sein Ohr. Er hat mir den Weg mit Steinen versperrt, sodass ich ständig in die Irre gehe" (Verse 7–9).

Jeremia konnte Ihnen genau sagen, wie hoch die Wellen waren und mit welcher Geschwindigkeit ihm der Wind ins Gesicht blies. Aber dann merkte er, dass er rasch unterging. Und da änderte er seine Blickrichtung. „Ich will mich an etwas anderes erinnern, damit meine Hoffnung wiederkommt: Von Gottes Güte kommt es, dass wir noch leben. Sein Erbarmen ist noch nicht zu Ende, seine Liebe ist jeden Morgen neu und seine Treue unfassbar groß. Ich sage: Der Herr ist mein Ein und Alles; darum setze ich meine Hoffnung auf ihn" (Verse 21–24).

„Ich will mich an etwas anderes erinnern ..." Mitten in seiner Depression änderte Jeremia seinen Gedankengang und richtete seine Aufmerksamkeit auf etwas anderes. Er wandte den Blick von den Wogen ab und sah auf das Wunder Gottes. Rasch zitierte er fünf Verheißungen. (Ich kann mir vorstellen, wie er sie an seinen fünf Fingern abgezählt hat.)

1. „Von Gottes Güte kommt es, dass wir noch leben."
2. „Sein Erbarmen ist noch nicht zu Ende."
3. „Seine Liebe ist jeden Morgen neu."
4. „Seine Treue ist unfassbar groß."
5. „Der Herr ist mein Ein und Alles."

Der Sturm war zwar noch nicht vorüber, aber seine Entmutigung schon. Und so war es auch bei Petrus: Nach einigen Sekunden panischen Um-sich-Schlagens wandte er sich wieder an Jesus und schrie: „‚Hilf mir, Herr!' Sofort streckte Jesus seine Hand aus, fasste Petrus und sagte: ‚Du hast zu wenig Vertrauen! Warum hast du gezweifelt?' Dann stiegen beide ins Boot und der Wind legte sich" (Matthäus 14,30–32).

Jesus hätte den Sturm schon vor Stunden stillen können. Aber er tat es nicht. Er wollte seine Jünger etwas lehren. Jesus hätte auch Ihren Sturm schon lange stillen können. Aber er hat es nicht getan. Will er vielleicht auch Sie etwas lehren? Könnte die Lektion in etwa so lauten: „Was den Sturm angeht, hast du keine Wahl, was deine Ängste anbelangt, schon"?

Gott hat seine „Diplome" auf der ganzen Welt aufgehängt: Regenbögen, Sonnenuntergänge, wunderbare Ausblicke, der Sternenhimmel. Und er hat seine „Leistungen" in der Bibel festgehalten. Hier sprechen wir nicht von sechstausend Stunden Flugerfahrung. In seinem Lebenslauf stehen Dinge wie die Teilung des Roten Meeres, das Verschließen von Löwenmäulern, der Untergang von Goliath, die Auferstehung von Lazarus, das Stillen von Stürmen und das Gehen auf dem Wasser.

Was er uns damit lehren will, ist klar. Er hat die Macht über alle Stürme. Stecken Sie auch gerade in einem Sturm und fürchten sich? Schauen Sie auf ihn. Vielleicht fliegen Sie ja zum ersten Mal – er ganz bestimmt nicht. Auch Ihr Pilot hat einen Funkrufnamen: Ich bin da.

Kapitel 7

„In meinem Schrank ist ein Ungeheuer!“

Die Angst vor dem Schlimmsten

„Angst und Schrecken befielen [Jesus].“
Markus 14,33

Wenn Sie das nächste Mal von einem Riesenkraken auf den Meeresgrund gezogen werden, ist das kein Grund zur Panik. Drehen Sie einfach ein paar Purzelbäume und Saltos. Wenn Sie nicht gerade von einem oder zwei besonders starken Armen festgehalten werden, werden Sie so ganz leicht entkommen und nur ein paar kleinere Verletzungen von den Saugnäpfen davontragen.

Während Sie dann zur Oberfläche schwimmen, könnte Ihnen natürlich ein Hai begegnen. Aber auch hier gilt: keine Panik, einfach zuschlagen. Zielen Sie auf die Augen und die Kiemen, denn das sind seine empfindlichsten Körperteile.

Das Gleiche gilt für Begegnungen mit Außerirdischen. Vereiteln Sie den nächsten Entführungsversuch durch ein UFO, indem Sie direkt auf die Augen der Eindringlinge losgehen. Aber achten Sie auf Ihre Gedanken, denn die Fremden aus dem All könnten diese unter Umständen lesen.

Gorillas hingegen können zwar keine Gedanken lesen, aber sie können Sie mit ihren Pranken leicht festhalten.

Der Griff eines Silberrückens ist wie ein Schraubstock. Ihre einzige Chance zu entkommen besteht darin, ihm den Arm zu streicheln und dabei laut zu schmatzen. Die Primaten sind sehr reinlich, was Körperpflege angeht. Wenn Sie Glück haben, missversteht er Ihr Verhalten als Wellnessbehandlung.

Falls nicht, könnte es Sie aber auch noch schlimmer erwischen: Sie könnten mit einem Fallschirm vom Himmel fallen, der sich nicht öffnet, in einem abstürzenden Fahrstuhl gefangen sein oder lebendig in einem Sarg aus Stahl begraben werden. Sie könnten auch das für Sie schlimmstmögliche Szenario erleben. Denn das gibt es für jeden von uns: das Schlimmste, was wir uns vorstellen können. Deshalb hat die Reihe der Survival-Handbücher mit dem Titel „Überleben in Extremsituationen"[1] vermutlich auch einen solchen Absatz gefunden.

Dank dieser Bücher weiß ich jetzt, wie ich mich bei dem Angriff eines Gorillas oder von Außerirdischen verhalten muss. Die Wahrscheinlichkeit, *dass* so etwas geschieht, ist allerdings so gering, dass mir das keine schlaflosen Nächte bereitet. Wenn ich nachts wach liege, gehen mir aber allerhand andere düstere Gedanken durch den Kopf.

Einmal dement zu werden zum Beispiel. Der Gedanke ans Älterwerden macht mir nichts aus. Es macht mir nichts aus, meine Jugend, meine Haare oder meine Zähne zu verlieren. Aber der Gedanke, meinen Verstand allmählich zu verlieren, ist schrecklich. Alzheimer-Patienten im Altenheim zu besuchen ist bedrückend. Weißhaarige, alte Menschen starren ausdruckslos vor sich hin und stellen die typischen Fragen von Alzheimer-Patienten. So will ich nicht enden.

Der Gedanke, nicht für meine Familie sorgen zu können, plagt mich ebenfalls manchmal. Ich stelle mir vor, dass ich vor meiner Frau Denalyn sterbe und unsere Ersparnisse zur Neige gehen, sodass sie schließlich bettelarm und von der

Großzügigkeit eines Fremden abhängig ist. Sie sagt mir, ich solle so was nicht einmal denken, es sei Blödsinn. Das sei leichter gesagt als getan, erwidere ich dann gewöhnlich.

Immer diese nagenden Ängste. Diese ungebetenen Ungeheuer. Ich meine nicht die täglichen Kleinigkeiten wie Abgabetermine oder Erkältungen, sondern das schleichende Grauen vor den Klauen, denen man nicht entweichen kann. Diese Ängste sind vielleicht unlogisch und unerklärlich, aber auch nicht zu leugnen.

Was ist Ihre größte Angst? Die Angst zu versagen? Arbeitslosigkeit? Höhenangst? Die Angst, keinen Ehepartner zu finden oder die Gesundheit zu verlieren? Die Angst, in der Falle zu sitzen, verlassen oder vergessen zu werden?

Das alles sind durchaus reale und berechtigte Ängste. Aber wenn man sie unbeobachtet lässt, können sie krankhaft werden. Es ist ein schmaler Grat zwischen Vorsicht und Wahn. Wer vorsichtig ist, schnallt sich im Auto an. Wer paranoid ist, steigt gar nicht erst in den Wagen. Die Vorsicht sagt: Wasch dir die Hände. Der Wahn sagt: Gib niemandem die Hand. Es ist ein Zeichen für Vorsicht, fürs Alter etwas zurückzulegen. Aber es ist ein Zeichen für Paranoia, alles zu horten. Wer vorsichtig ist, plant und sorgt vor. Wer paranoid ist, verfällt in Panik. Die Vorsichtigen schätzen das Risiko ab und springen dann. Die Paranoiden trauen sich niemals ins Wasser.

Die Wörter „springen" und „Wasser" kommen mir in den Sinn, weil ich gerade am Swimmingpool des Hotels sitze, während ich schreibe. (Es ist schon erstaunlich, was ein bisschen Sonne, ein kaltes Getränk und ein Liegestuhl am Schwimmbecken zur Kreativität beitragen können.) Ein Vater spielt mit seinen beiden kleinen Töchtern. Er befindet sich im Wasser und sie springen in seine Arme. Genauer gesagt: Eine springt, die andere steht am Beckenrand. Das Mädchen am Beckenrand schaut ihrer Schwester fröhlich dabei zu, wie sie springt. Sie hüpft um das Schwimmbecken, während die andere darin herumplanscht. Aber als ihr Vater sie auffordert, auch hineinzuspringen, schüttelt sie den Kopf und weicht zurück.

Ein nur allzu treffendes Bild für unser aller Leben: Wie viele Menschen verbringen ihr gesamtes Leben am Rand des Schwimmbeckens und wagen es nie hineinzuspringen, weil sie übervorsichtig sind und ihr Glaube auf wackligen Füßen steht? Sie sind glücklich und zufrieden damit, das Leben indirekt, durch die Erfahrungen anderer zu erleben. Lieber gehen sie kein Risiko ein. Weil sie das Schlimmste befürchten, verpassen sie das Beste im Leben.

Die Schwester hingegen springt hinein. Nicht waghalsig und hemmungslos, sondern voller Vertrauen in die Liebe des Vaters und seine starken Arme. Vor dieser Entscheidung stand auch Jesus. Er sprach nämlich nicht nur über Angst, er erfuhr sie am eigenen Leib.

Die entscheidenden Szenen der Evangelien spielen an zwei Orten: im Garten Gethsemane und am Kreuz auf Golgatha. Die Kreuzigung am Karfreitag stand für das schlimmste Leid und am Donnerstagabend im Garten Gethsemane traten die tiefsten Ängste zutage. Dort unter den Olivenbäumen „warf [Jesus] sich auf die Erde. Er betete zu Gott, dass er ihm, wenn es möglich wäre, diese schwere Stunde erspare. ‚Abba, Vater', sagte er, ‚alles ist dir möglich! Erspare es mir, diesen Kelch trinken zu müssen! Aber es soll geschehen, was du willst, nicht, was ich will'" (Markus 14,35–36).

Ein Leser rief mich einmal an und kritisierte mich für etwas, das ich über diesen Bibeltext geschrieben hatte. Es gefiel ihm gar nicht, dass ich bei meiner Beschreibung dieser Szenerie angemerkt hatte, Jesus habe „vor Angst weit aufgerissene Augen"[2] gehabt.

Ich erklärte ihm, dass er sich mit seiner Beschwerde an eine höhere Instanz wenden müsse. Markus, der Verfasser des Evangeliums, hatte Jesus als blass und zitternd beschrieben. „Angst und Schrecken befielen ihn“ (Vers 33). Das Wort „Schrecken“ wiederum „beschreibt einen Menschen, der angesichts eines bevorstehenden, bedrohlichen Ereignisses hilflos, orientierungslos, aufgewühlt und gequält ist“[3].

Matthäus sah es genauso. Er beschrieb Jesus als

- verängstigt und niedergeschlagen (Matthäus 26,37[4]),
- traurig und von schrecklicher Angst gequält (NL),
- von Angst und tiefer Traurigkeit befallen (GN).

So haben wir Jesus noch nie erlebt. Nicht im Sturm auf dem See von Genezareth, nicht, als er dem Besessenen von Gerasa gegenüberstand (Markus 5,2) oder als ihn die Bewohner von Nazareth die Klippe hinabstürzen wollten (Lukas 4,29). Niemals haben wir diese Aufschreie von ihm gehört oder gelesen, dass seine Augen vor Angst weit aufgerissen waren. Und niemals haben wir Beschreibungen seiner Person gelesen wie: „Angst und Schrecken befielen ihn“ (Markus 14,33). Das ist ein gewichtiger Augenblick im Leben von Jesus: Gott wurde Mensch und als Mensch spürte er die Angst in ihrem ganzen Ausmaß. Warum? Wovor hatte Jesus solche Angst?

Das hing mit diesem Kelch zusammen. „Erspare es mir, diesen Kelch trinken zu müssen!“ Im biblischen Sinne war der Kelch nicht nur ein Trinkgefäß, sondern stand auch symbolisch für den Zorn, das Gericht und die Strafe Gottes. Als Gott mit dem abtrünnigen Jerusalem Mitleid hatte, sagte er: „Ich nehme dir den Becher aus der Hand, du musst nicht länger den Wein meines Zornes trinken“ (Jesaja 51,22). Durch Jeremia ließ Gott verkünden, dass alle Nationen aus dem Kelch seiner Abscheu trinken mussten: „Nimm diesen Weinbecher aus meiner Hand. Er ist gefüllt mit meinem Zorn. Gib ihn allen Völkern zu trinken, zu denen ich dich sende!“ (Jeremia 25,15). Und Johannes schreibt, dass diejenigen, die sich von Gott abwenden, „den Wein Gottes trinken müssen. Es ist der Wein seiner Entrüstung, den er unverdünnt in den Becher seines Zornes gegossen hat. Wer das Tier verehrt, wird vor den Augen des Lammes und der heiligen Engel mit Feuer und Schwefel gequält" (Offenbarung 14,10).

Dieser Kelch war für Jesus das schlimmste Ereignis, das er sich vorstellen konnte: die Zielscheibe für Gottes Zorn zu sein. Noch nie hatte er das Gericht Gottes erfahren und er hatte es auch gar nicht verdient. Niemals war er von seinem Vater getrennt gewesen. Die beiden waren schon seit Ewigkeiten eins gewesen. Er hatte noch keine Bekanntschaft mit dem Tod gemacht; er war unsterblich. Und dennoch würde er in nur wenigen Stunden all diese Dinge am eigenen Leib erfahren. Dann würde Gott seinen ganzen Hass auf die Sünde an seinem mit der Sünde aller Menschen beladenen Sohn auslassen. Und davor hatte Jesus Angst. Todesangst. Und was er angesichts seiner Angst tat, lehrt uns, was wir mit unserer tun sollten.

Er betete. Er sagte zu seinen Jüngern: „Setzt euch hier! Ich gehe dort hinüber, um zu beten" (Matthäus 26,36). Aber ein Gebet reichte nicht aus. „Noch einmal ging Jesus weg und betete ... Zum dritten Mal ging Jesus ein Stück weit weg und betete noch einmal mit den gleichen Worten" (Verse 42 und 44). Er bat sogar seine Freunde um Gebetsunterstützung. „Bleibt wach und betet", drängte er sie (Vers 41).

Jesus begegnete seiner größten Angst mit aufrichtigem Gebet.

Nun wollen wir die Sache mal nicht *zu* kompliziert machen. Denn neigen wir nicht oft dazu? Wir geben oftmals sogar Worte, Orte, Kleidung, Körperhaltung, Dauer, Betonung und Formeln für unsere Gebete vor. Aber an Jesu flehentlichem Gebet dort im Garten sehen wir nichts dergleichen. Es war kurz (im Deutschen besteht es – je nach Übersetzung – aus fünfundzwanzig Worten), es kommt sofort zur Sache („Erspare es mir, diesen Kelch trinken zu müssen!“) und ist vertrauensvoll („Aber es soll geschehen, was du willst, nicht, was ich will“). Nicht geschleimt, sondern aufrichtig. Nicht das Gebet eines beredten, hochgeistlichen Gottesdienstbesuchers, sondern vielmehr das Gebet eines verängstigten Kindes, das auf dem Schoß des Vaters sitzt.

Genau das ist es. Das Gebet eines Kindes. *Abba*, betete Jesus und gebrauchte damit den schlichten Ausdruck, den ein Kind damals gebrauchte, wenn es auf den Schoß seines Vaters krabbelte.

Ich durfte ebenfalls früher auf dem Schoß meines Vaters sitzen ... wenn er Auto fuhr! Heute würde man ihn dafür verhaften. Aber vor einem halben Jahrhundert interessierte das niemanden. Vor allem nicht auf dem flachen Land auf den Ölfeldern von Texas, wo es mehr Kaninchen als Menschen gab. Wen kümmerte es schon, dass der kleine Max auf dem Schoß seines Vaters saß und mit dem Firmenlastwagen von einer Bohrstation zur nächsten fuhr (ups, entschuldigt, liebe „Exxon“-Leute)?

Ich liebte es. Es war völlig gleichgültig, dass ich kaum über das Armaturenbrett blicken und das Gaspedal oder die Bremse nicht erreichen konnte, weil meine Beine viel zu kurz waren. Es war völlig gleichgültig, dass ich den Unterschied zwischen Radio und Vergaser nicht kannte. Das Wichtigste war, dass ich meinem Papa half, den Lastwagen zu fahren.

Manchmal durfte ich sogar bestimmen, wo es langging. Dann fragte er mich an einer Kreuzung: „Links oder rechts, Max?“ In solchen Situationen streckte ich meine sommersprossige Nase über das Lenkrad, überlegte und entschied mich dann für eine Richtung.

Und es machte mir unglaublich viel Spaß, das Lenkrad dann wie ein Formel-1-Fahrer herumzureißen. Ich hatte niemals Angst, dass wir im Graben landen, uns in einer

Kurve überschlagen oder in eine Spurrille geraten würden. Papas Hände waren direkt neben meinen und seine Augen sahen mehr als meine. Also musste ich keine Angst haben! Auf dem Schoß des Vaters kann jeder Auto fahren.

Und von dieser Position aus kann auch jeder beten.

Beten ist nichts anderes, als gelassen auf Gottes Schoß zu sitzen und die Hände auf sein Lenkrad zu legen. Er regelt die Geschwindigkeit und lenkt in den scharfen Kurven und sorgt dafür, dass wir sicher ankommen. Und wir bringen ihm unsere Anliegen und bitten Gott, „diesen Kelch von uns zu nehmen". Den Kelch der Krankheit, des Betrugs, des finanziellen Ruins, der Arbeitslosigkeit, des Streits oder der Demenz. So einfach ist Beten. Und mit so einem einfachen Gebet konnte Jesus seine tiefsten Ängste bezwingen.

Machen Sie es genauso. Bekämpfen Sie Ihre Ungeheuer in Gethsemane. Sprechen Sie mit Gott über diese hässlichen, hartnäckigen Bösewichte in Ihnen.

Herr, ich will meinen Ehepartner nicht verlieren. Hilf mir, weniger Angst zu haben und dir mehr zu vertrauen.

Herr, morgen muss ich fliegen, und vor lauter Angst, dass ein Terrorist an Bord sein und das Flugzeug in die Luft jagen könnte, kann ich nicht schlafen. Bitte nimm mir diese Angst.

Die Bank hat gerade angerufen und angekündigt, dass sie unser Haus demnächst zwangsversteigern wird. Was wird dann aus unserer Familie? Bitte lehre mich, dir zu vertrauen.

Ich habe Angst, Herr. Der Arzt hat gerade angerufen und mir schlechte Nachrichten mitgeteilt. Du weißt, was jetzt auf mich zukommt. Ich bringe meine Ängste zu dir.

Nennen Sie Ihre Ängste beim Namen. Sagen Sie genau, um welchen „Kelch" es gerade geht, und sprechen Sie mit Gott darüber. Wenn Sie Ihre Ängste in Worte fassen, entlarven Sie sie und nehmen ihnen so ihren Schrecken.

In seinem Roman „Schiffbruch mit Tiger“ macht Yann Martel genau das deutlich. Pi, die Hauptperson, treibt hilflos in einem Rettungsboot auf dem Ozean – zusammen mit einem 450 Pfund schweren bengalischen Tiger. Pi gerät in diese missliche Lage, weil sein Vater, ein Zoobesitzer, pleite ist und seine gesamte Familie mitsamt den Tieren auf ein japanisches Schiff nach Kanada verfrachtet. Das Schiff sinkt und Pi endet allein mit dem Tiger (namens Richard Parker) im Rettungsboot auf dem Ozean. Dort im Boot fängt Pi an, seine Furcht vor dem Tiger und dem Ozean zu analysieren.

Lassen Sie mich noch etwas zur Angst sagen. Sie ist der einzig wahre Feind des Lebens. Nur die Angst kann das Leben besiegen. Oh, ich weiß aus eigener Erfahrung, dass sie ein raffinierter, trügerischer Feind ist. Sie kennt keinen Anstand, hält sich an keine Regeln oder Abmachungen und kennt keine Gnade. Sie zielt auf unsere schwächste Stelle, die sie auch zielsicher findet. Sie setzt immer an unseren Gedanken an. In einem Augenblick ist man noch ganz gelassen, selbstbeherrscht und fröhlich. Und dann schleicht sich die Angst als leiser Zweifel getarnt wie ein Spion in unsere Gedanken. Der Zweifel trifft auf den Unglauben, und der versucht wiederum, ihn zu verdrängen. Aber der Unglaube ist nur ein schlecht bewaffneter Fußsoldat, den der Zweifel ohne große Mühe besiegt. Man wird unruhig. Jetzt kommt uns der Verstand zu Hilfe. Man ist wieder beruhigt. Der Verstand hat die modernsten Waffen. Aber zu unserem großen Erstaunen wird der Verstand trotz überlegener Taktik und einiger offensichtlicher Siege schließlich lahmgelegt. Man spürt, wie man immer schwächer wird und ins Wanken gerät. Und aus Unruhe wird schließlich Angst ...

Schnell trifft man übereilte Entscheidungen und weist seine letzten Verbündeten zurück: Hoffnung und Vertrauen. Jetzt haben wir uns selbst besiegt. Die Angst, die doch nur ein flüchtiger Eindruck ist, trägt den Sieg davon.[5]

Pi merkt, dass man gegen die Angst nicht anargumentieren kann. Die Logik kann die Angst nicht überreden, zu springen oder ins Flugzeug zu steigen. Aber was hilft dann? Wie können wir vermeiden, uns dem Feind so kampflos zu ergeben? Pi gibt uns folgenden Rat:

„Man muss hart kämpfen, um ihr Ausdruck zu verleihen. Man muss darum kämpfen, sie mit Worten ans Licht zu bringen. Wenn man es nicht tut, wenn die Angst stattdessen zu einer wortlosen Finsternis wird, der man aus dem Weg geht, ja, die man vielleicht sogar vergisst, setzt man sich nur weiteren Angriffen vonseiten der Angst aus, weil man den Feind, der einen besiegt hat, nie wirklich bekämpft hat.“[6]

Es ist unsere Pflicht, unsere Ängste bloßzustellen, jede einzelne von ihnen. Sie vertragen das Sonnenlicht genauso wenig wie Vampire. Angst vor finanziellen Schwierigkeiten, Angst vor zerbrechenden Beziehungen, Angst am Arbeitsplatz, Angst vor Bedrohungen – ganz gleich, was es ist, nennen Sie es im Gebet beim Namen. Zerren Sie es mit Ihrem Verstand ans Licht, und zwingen Sie es, vor Gott zu stehen und seine wohlverdiente Strafe zu empfangen.

Jesus hat seine Angst offen gezeigt. Er hat sich „im Gebet mit Bitten und Flehen an Gott gewandt, der ihn vom Tod retten konnte; mit lautem Rufen und unter Tränen hat er seine Not vor ihn gebracht“ (Hebräer 5,7). Er betete laut genug, um gehört und wahrgenommen zu werden, und er bat seine Freunde, gemeinsam mit ihm zu beten.

Sein Gebet in Gethsemane ist für Christen ein Beispiel dafür, wie Gemeinde funktionieren sollte – sie sollte ein Ort sein, an dem man von seiner Furcht reden, sie bekennen und sich seelisch entblößen darf. Sie sollte der Zufluchtsort vor der „wortlosen Finsternis“ unterdrückter Ängste sein. In einer gesunden Gemeinde sterben unsere Ängste ab. Wir durchbohren sie mit Bibelversen, mit Lob- und Klagepsalmen. Im Licht des Bekennens schmelzen sie dahin. Wir ertränken sie in unserer Anbetung und entscheiden uns, auf Gott zu schauen statt auf unsere Furcht.

Wenn Sie sich das nächste Mal mit Ihrer schlimmsten Angst konfrontiert sehen, dann tun Sie doch einmal genau das. Suchen Sie sich einen Kreis zuverlässiger Beter und bekennen Sie Ihre Angst. Das ist ein wichtiger Schritt. Suchen Sie sich Ihren eigenen Petrus, Jakobus und Johannes (in der Hoffnung, dass diese länger wach bleiben). Das Großartige daran ist: Sie müssen mit Ihren Ängsten nicht alleine bleiben.

Und was ist, wenn Ihre Ängste nur ein Versuch des Teufels darstellen, Sie aus dem Gleichgewicht zu bringen? Wenn es nur ein höllischer Trick ist, um Ihnen die Lebensfreude zu stehlen?

Ein Bekannter von mir fürchtete sich einmal vor dem Steuerbescheid des Finanzamts. Nach dessen ursprünglichen Berechnungen schuldete er dem Fiskus Geld – Geld, das er nicht besaß. Man hatte ihm mitgeteilt, dass er noch Post mit der genauen Aufstellung seiner Steuerschulden bekommen würde. Als er den Brief erhielt, verließ ihn der Mut. Er konnte sich nicht überwinden, den Brief zu öffnen. Und so lag der ungeöffnete Umschlag fünf Tage lang auf seinem Schreibtisch, während er sich vor Angst verzehrte. Wie viel war es wohl? Woher sollte er das Geld nur nehmen? Wie lange würden sie ihn ins Gefängnis stecken? Schließlich nahm er allen Mut zusammen und öffnete den Umschlag. Aber statt einer Rechnung befand sich darin ein Scheck! Es stellte sich heraus, dass das Finanzamt ihm noch Geld zurückzahlen musste! Er hatte fünf Tage vollkommen unnötig in Furcht und Schrecken gelebt. Es gibt nur ganz wenige Ungeheuer, die die Angst wert sind, die wir vor ihnen haben.

Als Nachfolger Jesu haben wir einen gewaltigen Vorteil: Wir wissen, dass letzten Endes alles gut ausgehen wird. Jesus sitzt immer noch auf dem Thron, und die Verheißung von Römer 8, Vers 28 steht immer noch in der Bibel. Unsere Probleme stellten von jeher Möglichkeiten für ihn dar, Wunder zu vollbringen. Als Josef in die Sklaverei verkauft wurde, führte das schließlich zur Rettung seiner gesamten Familie. Daniels Verfolgung brachte ihm einen Sitz im Ministerrat. Jesus kam durch eine ungewollte Schwangerschaft auf die Welt und rettete sie durch seine unverdiente Hinrichtung. Glauben wir, was die Bibel sagt? Nämlich, dass keine Tragödie letztendlich tödlich endet?

Chrysostomos glaubte das. Er war von 398 bis 404 n. Chr. Erzbischof von Konstantinopel. Durch seine wortgewandte Kritik an den Reichen und Einflussreichen machte er sich einen Namen. Er wurde zweimal verbannt und fragte:

„Was soll ich fürchten? Den Tod? Aber ihr wisst, dass Christus mein Leben ist und der Tod mein Gewinn. Das Exil? Aber die Erde und alles, was darinnen ist, ist des Herrn. Den Verlust des Reichtums? Aber wir haben nichts in die Welt gebracht und können nichts aus ihr mitnehmen. So sind alle Ängste dieser Welt in meinen Augen nur verachtenswert und ich lächle angesichts all ihrer guten Dinge. Die Armut fürchte ich nicht, dem Reichtum traure ich nicht nach. Vor dem Tode schrecke ich nicht zurück.“[7]

Der Apostel Paulus hätte diesen Worten sicher begeistert zugestimmt. Er schrieb seine letzten Worte nämlich an einen Wärter gekettet in den Tiefen eines römischen Gefängnisses – als er schon die Schritte seines Scharfrichters hören konnte. Ist das die schlimmste Situation, in der wir uns wiederfinden können? Nein, Paulus sah das anders. „Der Herr wird mich auch künftig vor allen bösen Anschlägen retten und mich sicher in sein himmlisches Reich bringen. Ihm gehört die Herrlichkeit für alle Ewigkeit!“ (2. Timotheus 4,18).

Paulus war entschlossen, seinem himmlischen Vater zu vertrauen.

Übrigens darf ich Ihnen noch die frohe Botschaft überbringen, dass das Mädchen am Beckenrand sich schließlich auch dazu entschloss, seinem Vater zu vertrauen. Nach viel Überredungskunst vonseiten ihres Vaters und ein bisschen Hilfe von ihrer Schwester hielt sie sich die Nase zu und sprang hinein. Nach dem letzten Stand der Dinge ist sie inzwischen mindestens ein Dutzend Mal hineingesprungen. Ihr Glück.

Und wieder wurde die Angst durch Vertrauen besiegt.

Kapitel 8

Grausamer Planet Erde

Die Angst vor Gewalt

„Fürchtet euch nicht vor denen, die nur den Leib, aber nicht die Seele töten können."
Matthäus 10,28

Der größte Golfspieler aller Zeiten setzte sich an den Frühstückstisch, nicht ahnend, dass es das letzte Mal sein würde. Byron Nelson hatte gut geschlafen, besser als seit Tagen. Er hatte geduscht, sich rasiert und seine Frau Peggy angelächelt, als sie verkündete, dass es Würstchen, Rührei und Brötchen zum Frühstück gab.

Er war vierundneunzig Jahre alt und seine große Erfolgssträhne lag schon einundsechzig Jahre zurück. Damals hatte er elf Siege in Folge errungen. Tiger Woods hat bislang sechs geschafft, Arnold Palmer drei, genau wie Sam Snead, Ben Hogan und noch einige andere. Aber Nelsons Rekord mit elf Siegen in Folge ist so herausragend wie eine Eiche in einem Weizenfeld. Ein Jahr danach zog er sich zurück, kaufte sich eine Ranch in der Nähe von Fort Worth in Texas und lebte dort ein ruhiges Leben, bis ihn Gott am 26. September 2006 zu sich rief.

Nachdem er das Geschirr abgespült hatte, setzte er sich, um seine Lieblingssendung im Radio zu hören. Peggy ging zu einer Bibelgruppe in die Gemeinde. („Ich bin so stolz auf dich", sagte er ihr.) Als sie einige Stunden später zurückkam, fand sie ihn auf dem Boden liegend. Es gab keine Anzeichen für einen Todeskampf oder heftige Schmerzen. Sein Herz hatte einfach aufgehört zu schlagen.[1]

In der Sowjetunion fand man in den frühen 50er Jahren des letzten Jahrhunderts immer einen Grund, jemanden zu verhaften. Jeder, der Zweifel an einer Entscheidung Stalins äußerte oder etwas gegen das kommunistische Regime sagte, musste damit rechnen, in einem Arbeitslager irgendwo in der eisigen Tundra zu landen. So erging es auch Boris Kornfeld. Es gibt keine Unterlagen mehr über seine Straftaten, nur noch Bruchstücke seines Lebenslaufs. Er war Jude und Arzt von Beruf und freundete sich im Lager mit einem Christen an.

Da sie viel Zeit hatten, führten sie intensive, ausführliche Gespräche. Kornfeld fing an, die Bezüge zwischen den Messias-Verheißungen des Alten Testamentes und dem Nazarener aus dem Neuen Testament zu erkennen. An Jesus zu glauben widersprach seiner Erziehung, aber letzten Endes entschloss er sich doch dazu.

Diese Entscheidung kostete ihn das Leben.

Er sah, wie ein Wächter einem Sterbenden Brot stahl. Vor seiner Entscheidung für Jesus hätte Kornfeld diese Straftat niemals angezeigt. Aber jetzt trieb ihn sein Gewissen dazu. Es war nur eine Frage der Zeit, bis sich die anderen Wächter an ihm rächen würden. Obwohl Kornfeld in Gefahr schwebte, spürte er vollkommenen inneren Frieden. Zum ersten Mal in seinem Leben hatte er keine Angst vor dem Tod oder der Ewigkeit. Er hatte nur noch einen Wunsch: vor seinem Tod noch jemandem von seiner Entdeckung zu berichten.

Die Gelegenheit dazu bekam er durch einen Krebspatienten und Mitgefangenen, der gerade eine Unterleibsoperation hinter sich hatte. Als er sich mit ihm alleine im Aufwachzimmer aufhielt, erzählte Kornfeld ihm hastig flüsternd seine Geschichte. Er ließ keine Einzelheit aus. Der junge Mann war sichtlich bewegt, aber noch so benommen von der Narkose, dass er schließlich einschlief. Als er wieder aufwachte, bat er darum, mit dem Arzt sprechen zu dürfen, aber es war zu spät. Noch in der gleichen Nacht hatte jemand den Arzt mit einem Vorschlaghammer getötet. Seine Kollegen hatten noch versucht, ihn zu retten, aber es war zu spät gewesen.[2]

Byron Nelson und Boris Kronfeld teilten die gleichen Überzeugungen. Sie machten ihre Hoffnung am gleichen Felsen fest, hatten den gleichen Himmel im Blick und vertrauten auf den gleichen Retter. Dennoch verließ einer diese Welt ganz friedlich und der andere durch einen Strudel von Brutalität.

Wenn ich es mir aussuchen dürfte, würde ich lieber so sterben wie Nelson.

Die namenlosen Glaubenshelden, von denen im Hebräerbrief berichtet wird, hätten sich sicher genauso entschieden. Ihre Geschichte wird in einem eigentümlichen Textabschnitt am Ende der Aufzählung der Patriarchen berichtet, nach so bekannten Namen wie Abel, von dem es heißt: „Durch sein Vertrauen spricht er noch heute zu uns, obwohl er doch längst gestorben ist“ (Hebräer 11, 4); Enoch, der entrückt wurde und nicht sterben musste (Vers 5); Noah, der „von Gott den Lohn [erhielt], der den Gerechten für ihr Vertrauen zugesagt ist“ (Vers 7), und Abraham und Sarah, die so viele Nachkommen bekamen, „wie es Sterne am Himmel oder Sandkörner am Meeresstrand gibt“ (Vers 12).

Wenn jemand so weit gelesen hat, hat er allen Grund, die Schlussfolgerung zu ziehen, dass Gott Treue mit Gelassenheit und einem großartigen Vermächtnis belohnt. Führe ein gutes Leben, dann wirst du in Frieden leben und sterben. Stimmt's? Aber dann kommt in den Versen 35 bis 37 die harte Wahrheit: „Doch andere in Israel ließen sich zu Tode foltern, sie weigerten sich, die angebotene Freilassung anzunehmen; denn sie wollten zu einer weit besseren Auferstehung gelangen. Andere wiederum wurden verspottet und ausgepeitscht, gefesselt und ins Gefängnis geworfen. Sie wurden gesteinigt, zersägt und mit dem Schwert hingerichtet. Sie zogen in Schaf- und Ziegenfellen umher, Not leidend, bedrängt, misshandelt."

Entgegen unseren Hoffnungen bleiben gute Menschen nicht immer von Gewalt verschont. Mörder lassen ihre Opfer nicht einfach laufen, bloß weil diese gläubig sind. Sexualtäter suchen sich ihre Opfer nicht nach deren geistlichem Lebenslauf aus. Blutrünstige und gewalttätige Menschen verschonen die Auserwählten Gottes nicht. Wir sind nicht immun gegen solche Dinge, aber wir müssen uns davon auch nicht einschüchtern lassen. Jesus hat folgenden Rat, was diese gewalttätige Welt angeht: „Fürchtet euch nicht vor denen, die nur den Leib, aber nicht die Seele töten können" (Matthäus 10,28).

Die Jünger brauchten diese Bestätigung. Jesus hatte ihnen soeben erklärt, dass sie mit Auspeitschungen, Gerichtsverfahren, Tod, Hass und Verfolgung rechnen mussten (Verse 17–23). Das war nicht gerade sehr aufmunternd und ermutigend. Man muss ihnen zugutehalten, dass keiner von ihnen gekniffen hat. Vielleicht taten sie es nicht, weil die Erinnerung an Jesu Auftreten auf dem Friedhof noch so frisch war: Jesus war mit den Jüngern auf die andere Seite des Sees, in das Gebiet von Gadara, gereist. „Dort liefen ihm zwei Männer aus den Grabhöhlen entgegen. Sie waren von bösen Geistern besessen und so gefährlich, dass niemand es wagte, jenen Weg zu benutzen. Sie fingen an zu schreien: ‚Was hast du bei uns zu suchen, du Sohn Gottes? Bist du hergekommen, um uns schon vor der Zeit zu quälen?'" (Matthäus 8,28–29).

Die heftigsten und unmittelbarsten Reaktionen auf Gottes Gegenwart auf der Erde kamen von Dämonen wie diesen – von Satans zahllosen, unsichtbaren, geschlechtslosen, teuflischen Geistern. Diese beiden Männer waren besessen und daher so gefährlich, dass niemand sich in ihre Nähe wagte. Die Menschen nahmen weite Umwege in Kauf, um ihnen aus dem Weg zu gehen.

Nicht so Jesus. Er marschierte auf den Friedhof, als sei er der Herr im Hause. Die verblüfften Dämonen hatten niemals damit gerechnet, Jesus hier bei den Gräbern Satans zu sehen, auf der anderen Seite des Sees Genezareth, wo nur Heiden und Schweine lebten. Die Juden mieden solche Orte. Jesus nicht.

Jesus musste sich den Dämonen nicht erst vorstellen. Sie hatten ihren Kampf schon an anderer Stelle miteinander ausgetragen, und die Dämonen legten keinen Wert auf eine neuerliche Runde mit dem Sohn Gottes. Sie wehrten sich nicht einmal. „Bist du hergekommen, um uns schon vor der Zeit zu quälen?" (Vers 29). Rückzug. Herumstottern. Oder mit anderen Worten: „Wir wissen, dass du uns am Ende doch kriegen wirst, aber musst du jetzt gleich noch mal zuschlagen?" Sie fielen vor ihm nieder wie Marionetten, deren Fäden man durchgeschnitten hatte. Ihre Bitte klang ausgesprochen armselig: „Wenn du uns schon austreibst, dann schick uns doch in die Schweineherde!" (Vers 31).

Und das tat Jesus auch. „Geht!", trieb er sie aus. Er schrie nicht, wurde nicht laut, führte keine Beschwörungen, keinen Tanz auf, verbrannte keinen Weihrauch. Nur dieses eine kleine Wort. Der die ganze Welt durch sein Wort erhält, befiehlt auch Dämonen mit einem Wort.

„Und wenn die Welt voll Teufel wär und wollt uns gar verschlingen,
so fürchten wir uns nicht so sehr, es soll uns doch gelingen.

Der Fürst dieser Welt, wie saur er sich stellt,
tut er uns doch nichts; das macht, er ist gericht:
ein Wörtlein kann ihn fällen.“[3]

Der Kampf zwischen Gut und Böse dauerte nur wenige Sekunden. Jesus war das Feuer und die Dämonen die Ratten auf dem Schiff. Bei der ersten Hitzewelle sprangen sie alle über Bord.

Und das ist die Quelle, aus der Jesus den Mut für seine Jünger schöpft: „Fürchtet euch nicht vor denen, die nur den Leib, aber nicht die Seele töten können“ (Matthäus 10,28). Sie leben an einem Ort, der von Gottes Schutzmacht besetzt ist. „Kann uns noch irgendetwas von Christus und seiner Liebe trennen? Etwa Leiden, Angst und Verfolgung, Hunger oder Kälte, Gefahren für Leib und Leben oder gar die Hinrichtung? [...] weder Tod noch Leben, weder Engel noch Dämonen noch andere gottfeindliche Mächte, weder Gegenwärtiges noch Zukünftiges, weder Himmel noch Hölle. Nichts in der ganzen Welt kann uns jemals trennen von der Liebe Gottes, die uns verbürgt ist in Jesus Christus, unserem Herrn“ (Römer 8,35.38–39).

Mut kommt nicht, wenn die Polizei ihre Präsenz in unseren Straßen verstärkt, sondern mit wachsender geistlicher Reife. Martin Luther King war ein Beispiel dafür. Er beschloss, keine Angst vor denen zu haben, die ihm nach dem Leben trachteten. Am 3. April 1968 saß er wegen einer Bombendrohung stundenlang in einem Flugzeug auf der Startbahn fest. Als er später in Memphis ankam, war er müde und hungrig, aber nicht verängstigt.

„Vor uns liegen schwierige Zeiten“, erklärte er der Menge. „Aber das kümmert mich jetzt nicht mehr, denn ich war auf dem Berggipfel. Und deshalb macht es mir nichts mehr aus. Natürlich würde ich auch gerne lange leben. Ein langes Leben ist etwas Schönes. Aber ich mache mir darum keine Gedanken mehr. Ich will nur Gottes Willen tun. Und er hat es mir erlaubt zu erleben, auf dem Gipfel zu stehen. Und ich habe auf die andere Seite geblickt und das verheißene Land gesehen. Vielleicht komme ich nicht mit euch gemeinsam dorthin. Aber ihr sollt heute Abend wissen, dass wir als Volk dorthin kommen werden. Und ich freue mich heute Abend. Ich mache mir keine Sorgen. Ich habe vor niemandem Angst. Denn meine Augen haben die Herrlichkeit des Herrn gesehen."[4]

Weniger als vierundzwanzig Stunden später war er tot. Aber diejenigen, die ihm schaden wollten, hatten ihr Ziel verfehlt. Sie nahmen ihm zwar das Leben, aber nicht seine Seele.

In seinem mit einem Buchpreis ausgezeichneten Buch über den Völkermord in Ruanda im Jahre 1994 erzählt Philip Bourevitch die Geschichte von Thomas, einem Tutsi, der hingerichtet werden sollte. Er war einer der ganz wenigen, die den Macheten schwingenden Hutu entkamen.

„Thomas erzählte mir, dass er als Junge bei den Pfadfindern gewesen war und gelernt hatte, ‚der Gefahr ins Auge zu blicken, sie zu beobachten, aber keine Angst zu haben', und ich war verblüfft, dass jede seiner Begegnungen mit gewalttätigen Hutus nach dem gleichen Muster verlaufen war: ob es war, als der Priester ihm befahl, wieder an die Arbeit zu gehen, oder die Soldaten ihn holten oder ihm befahlen, sich auf die Straße zu setzen, Thomas weigerte sich immer zunächst, bevor er gehorchte. Die Mörder waren es gewohnt, Angst zu begegnen, aber Thomas hatte sich immer so verhalten, als sei es ein Irrtum, dass jemand ihm drohte."[5]

Bösen Menschen wird es nicht so schnell gelingen, Sie zu verletzen, wenn Sie nicht schon von vornherein ein Opfer sind. „Sich vor Menschen fürchten bringt Gefahr; auf den Herrn vertrauen bringt Sicherheit" (Sprichwörter 29,25). Denken Sie daran: „Gott hat seinen Engeln befohlen, dich zu beschützen" (Psalm 91,11). Er ist Ihre „Zuflucht" (Psalm 62,8), Ihr „Schutz" (Psalm 32,7), Ihre „Burg" und „Festung" (2. Samuel 22,2–3). „Der Herr steht mir bei; nun fürchte ich nichts mehr. Was könnte ein Mensch mir schon tun?" (Psalm 118,6). Satan kommt nicht an Sie heran – er muss zuerst an Gott vorbei.

Was machen wir also in den Situationen, in denen Satan uns augenscheinlich doch erreicht? Wie haben wir die Gewalt zu verstehen, von der im 11. Kapitel des Hebräerbriefes die Rede ist, oder das tragische Ende von Boris Kornfeld? Oder am allerwichtigsten: Wie haben wir das Leiden von Jesus Christus zu verstehen? Fesseln, Peitschenhiebe, Dornenkrone, Nägel. Das waren die Kennzeichen seiner letzten Stunden. Hören Sie, wie die Peitsche auf seinen Rücken klatscht und ihm Haut und Fleisch zerfetzt? Neununddreißig Mal zerschneiden die Lederstreifen zuerst die Luft und dann seine Haut. Jesus umklammert den Pfahl und stöhnt auf. Sein Körper ist zerschunden, als eine Welle roher Gewalt nach der anderen auf ihn prallt. Die Soldaten drücken ihm einen Kranz aus Dornen auf die Stirn, schlagen ihm ins Gesicht und bespucken ihn. Sie packen ihm einen großen Holzbalken auf die Schultern und zwingen ihn, auf einen Hügel zu steigen. Das ist, als müsse der Verurteilte das Beil des Scharfrichters selbst schärfen, seine Schlinge am Galgen selbst knüpfen oder die Kabel für den elektrischen Stuhl selbst verlegen. Jesus schleppt sein eigenes Hinrichtungswerkzeug. Das Kreuz.

Cicero bezeichnete die Kreuzigung als „die grausamste und abscheulichste aller Strafen"[6]. In der vornehmen römischen Gesellschaft war das Wort „Kreuz" verpönt und wurde in Unterhaltungen nicht ausgesprochen. Römische Soldaten durften nicht gekreuzigt werden, außer sie begingen Hochverrat. Es war eine hässliche, widerwärtige, harte und erniedrigende Art zu sterben. Aber es war die Todesart, die Jesus gewählt hatte. „Im Gehorsam gegen Gott erniedrigte er sich so tief, dass er sogar den Tod auf sich nahm, ja, den Verbrechertod am Kreuz" (Philipper 2,8).

Ein angenehmerer Tod hätte es doch auch getan. Ein einziger Tropfen seines Blutes hätte die Menschheit erlösen können. Vergießt sein Blut, erstickt seinen Atem, bringt sein Herz zum Stillstand, aber macht schnell. Durchbohrt sein Herz mit einem Schwert. Schneidet ihm mit einem Dolch die Kehle durch. War es für die Vergebung unserer Sünden wirklich notwendig, sechs Stunden lang Gewalt zu erdulden?

Nein, dafür nicht, aber für seinen Sieg über den Sadismus. Jesus hat damit endgültig gezeigt, dass er die Macht über all die Grausamkeiten hat. Das Böse kommt hin und wieder durch, aber nur einen kurzen Augenblick lang. Satan hat seine übelsten Dämonen auf den Sohn Gottes losgelassen. Er quälte jeden Nerv in ihm und tat ihm jedes nur erdenkliche Leid an. Und dennoch konnte der Meister des Todes den Herrn des Lebens nicht zerstören. Das Beste des Himmels hat das Schlimmste der Hölle in Hoffnung verwandelt.

Ich bete, dass Gott Ihnen etwas so Schreckliches erspart. Möge er Ihnen das lange Leben und den friedlichen Tod von Byron Nelson schenken. Aber sollte er es nicht tun, sollte er Ihnen „die Gnade [erweisen], dass ihr etwas für Christus tun dürft – nicht nur ihm vertrauen, sondern auch für ihn leiden" (Philipper 1,29) –, dann denken Sie daran, dass bei Gott kein Schmerz vergebens ist.

Denken Sie an Boris Kornfeld, den russischen Arzt, der wegen seiner Glaubensüberzeugungen erschlagen wurde. Obwohl der Arzt starb, so lebte sein Zeugnis doch weiter. Der Mann, dem er seine Geschichte erzählt hatte, vergaß diese Unterhaltung nie.

In der Stille dieser Aufwachstation im Lazarett des Arbeitslagers hatte der Arzt am Bett seines Patienten gesessen und ihm Mitgefühl und Frieden geschenkt. Dr. Kornfeld hatte ihm voller brennender Leidenschaft die Geschichte seiner Lebenswende erzählt. Der Patient fieberte noch, war aber doch aufmerksam genug, um über Dr. Kornfelds Worte nachzudenken. Später schrieb er, dass er in der Stimme des Arztes ein „mystisches Wissen“ vernahm.

Dieses „mystische Wissen“ veränderte den Patienten. Er nahm Kornfelds Glauben an Christus auch für sich an und bestätigte dies später mit dem freudigen Bekenntnis:

„Gott des Universums! Ich kann wieder glauben!“[7]

Der Patient überlebte das Arbeitslager und fing an, über seine Erfahrungen im Gefängnis zu schreiben und das Grauen des Gulags zu enthüllen. Er verfasste eine Schrift nach der anderen: „Ein Tag im Leben des Iwan Denissowitsch“, „Der Archipel Gulag“ und das in der *Washington Post* veröffentlichte „Live Not by Lies“. Manche schreiben den Zusammenbruch des Kommunismus teilweise seinen Veröffentlichungen zu. Aber hätte Kornfeld nicht für seinen Glauben gelitten, hätten wir diesen herausragenden jungen Christen niemals kennengelernt: Alexander Solschenizyn.

Die Menschen hatten böse Absichten verfolgt, aber Gott hatte es wieder einmal zum Guten gewendet.

Kapitel 9

Spielgeld

Die Angst vor dem bevorstehenden Winter

„Sei ohne Angst, du kleine Herde! Euer Vater ist entschlossen, euch seine neue Welt zu schenken!"
Lukas 12,32

Ein *Monopoly*-Champion sitzt in Ihrem Büro. Er ist der Michael Phelps des Spielbrettes. Der Pelé der Schlossallee. Er verbringt jeden Tag vierundzwanzig Stunden damit, die Konkurrenz plattzumachen, Häuser und Hotels zu bauen, Straßen zu kaufen und Spielgeld zu horten, so wie König Salomo Frauen. Er wandert nie ins Gefängnis, kommt immer über LOS und wohnt in Lessing- und Schillerstraße. Wenn unter den jährlich im *Fortune Magazine* aufgeführten fünfhundert reichsten Personen auch die fünfhundert erfolgreichsten *Monopoly*-Milliardäre aufgeführt würden, würde er sogar noch Warren Buffett, den US-Multimilliardär und zweitreichsten Menschen der Welt, übertreffen. Niemand hat so viel Geld wie er.

Und er möchte, dass Sie ihm helfen, es zu investieren. Schließlich sind Sie Finanzberater. Sie sprechen die Sprache des Geldes, kennen sich mit Finanzbehörden, Fonds und Bonitäten aus. Aber all Ihre Erfahrung nützt Ihnen bei diesem Anliegen dennoch nichts. Er sitzt vor Ihnen, umgeben von Tüten voller rosa Geldscheine und kleinen Plastikhäuschen. Spielgeld anlegen?

„Ich habe 314 Parkstraßen, 244 Schlossalleen und genügend Bahnhöfe, um ein Schienennetz um die ganze Welt zu legen."

Will der Typ Sie auf den Arm nehmen? Sie bemühen sich, freundlich zu bleiben. „Allem Anschein nach haben Sie sich ein hübsches ‚Monopoly'-Sümmchen zugelegt."

Mit verschränkten Armen sagt er lächelnd: „In der Tat. Und ich möchte, dass Sie es für mich arbeiten lassen. Es ist an der Zeit, dass ich mich zurücklehne und es mir gutgehen lasse. Soll doch jemand anders einmal das ‚Monopoly'-Brett beherrschen."

Sie werfen noch einmal einen Blick auf seine Berge von Spielgeld und Spielzeug-Immobilien und lassen dann alles Taktgefühl beiseite. „Sie spinnen doch! Diese Geldscheine sind wertlos. Dieses Geld hat keine Kaufkraft. Außerhalb des Spiels ist es nutzlos. Es tut mir leid, Ihnen das sagen zu müssen, aber Sie sind da einem großen Irrtum aufgesessen. Sie sind ein Idiot!" Harte Worte. Aber damit befinden Sie sich in bester Gesellschaft: Gott gebraucht sie ebenfalls.

„Und er sagte ihnen ein Gleichnis und sprach: Es war ein reicher Mensch, dessen Feld hatte gut getragen. Und er dachte bei sich selbst und sprach: Was soll ich tun? Ich habe nichts, wohin ich meine Früchte sammle. Und sprach: Das will ich tun: Ich will meine Scheunen abbrechen und größere bauen und will darin sammeln all mein Korn und meine Vorräte und will sagen zu meiner Seele: Liebe Seele, du hast einen großen Vorrat für viele Jahre; habe nun Ruhe, iss, trink und habe guten Mut! Aber Gott sprach zu ihm: Du Narr! Diese Nacht wird man deine Seele von dir fordern; und wem wird dann gehören, was du angehäuft hast? So geht es dem, der sich Schätze sammelt und ist nicht reich bei Gott" (Lukas 12,16–21; LÜ).

Dieser Landwirt schien eigentlich ein ganz anständiger Kerl zu sein. Er war clever genug, um Gewinn zu machen, und klug genug, seinen unerwarteten Gewinn zu genießen. Wahrscheinlich hatte er sein Vermögen ehrlich verdient. Es wird nichts gesagt von Ausbeutung oder Betrug. Er nutzte seine gottgegebenen Fähigkeiten, um Gewinn zu machen, und es gelang ihm. Nach diesem Erfolg beschloss er, von Äsops Fabel von der Ameise und der Heuschrecke zu lernen.

Die Heuschrecke hatte sich darüber gewundert, warum die Ameise den ganzen Sommer über so schwer arbeitete. „Komm doch und plaudere mit mir, statt so hart zu arbeiten."

Die Ameise entgegnete: „Ich helfe mit, Vorräte für den Winter anzulegen, und empfehle dir, es auch zu tun."

Aber der Grashüpfer hüpfte lieber herum, anstatt zu arbeiten. Während die Ameise also vorsorgte, vergnügte sich der Grashüpfer. Und als der Winter mit seinem rauen Wind und den kahlen Feldern kam, da knabberte die Ameise an ihren Vorräten, während der Grashüpfer mit einem Pappschild am Straßenrand stand, auf dem zu lesen war: „Nehme jede Arbeit an. Kann sofort anfangen."

Der Großgrundbesitzer in Jesu Geschichte wollte jedenfalls nicht, dass es ihm so ging wie dem Grashüpfer. Er wollte sich nicht in einer Essensschlange oder bei einer Suppenküche anstellen. Und wir wollen es auch nicht. Wir können mit dem erfolgreichen Bauern mitfühlen. Ja, um ehrlich zu sein, wollen wir gerne wissen, was das Geheimnis seines Erfolges ist. Ob er wohl ein Buch darüber schrieb („Größere Scheunen für die Rente")? Oder ob er Seminare hielt („In zwölf Schritten zu einer krisensicheren Scheune")? Ist der Scheunenfüller kein vorbildlicher Planer? Und trotzdem zeichnete Jesus ihn mit der Narrenkappe aus. Was hat der Kerl nur falsch gemacht? Jesu Antwort bestand aus drei kurzen Abschnitten, gespickt mit persönlichen Fürwörtern. Lesen Sie den Kern des Gleichnisses noch einmal und achten Sie auf die Haltung des Landwirts:

„Und **er** *dachte bei* **sich selbst** *und sprach: Was soll* **ich** *tun?* **Ich** *habe nichts, wohin* **ich meine** *Früchte sammle. Und sprach: Das will* **ich** *tun:* **Ich** *will* **meine** *Scheunen abbrechen und größere bauen und will darin sammeln all* **mein** *Korn und* **meine** *Vorräte und will sagen zu* **meiner** *Seele: Liebe Seele,* **du** *hast einen großen Vorrat für viele Jahre; habe nun Ruhe, iss, trink und habe guten Mut!"* (Verse 17–19).

Dieser reiche Mann schien in einem Spiegelkabinett zu wohnen. Ganz gleich, ob er nach Norden, Süden, Osten oder Westen schaute, er sah immer nur die eine Person: sich selbst. Ich. Ich. Mein. Ich. Ich. Mein. Ich. Mein. Mir. Ich. Mein. Kein Ihr oder Du, nur Ich. Selbst als er vom Du sprach, meinte er damit sich selbst. „Liebe Seele, *du* hast einen großen Vorrat für viele Jahre; habe nun Ruhe, iss, trink und habe guten Mut!"

Und das tat er. Er hatte es geschafft, so viel Besitz anzuhäufen, dass er Wein, Weib und Gesang genießen konnte. Er suchte sich ein schönes Wohnviertel, legte sich eine Villa mit fünf Schlafzimmern zu, ließ die Möbelwagen auf Hochtouren fahren, richtete sich ein dickes Bankkonto ein, holte die Badehose aus dem Schrank und machte einen Köpper in den Swimmingpool im Garten. Nur schade, dass er vergessen hatte, vorher Wasser einlaufen zu lassen. Als er aufwachte, fand er sich in der Gegenwart Gottes wieder, den seine Errungenschaften nicht im Geringsten beeindruckten. „Du Narr! Diese Nacht wird man deine Seele von dir fordern; und wem wird dann gehören, was du angehäuft hast?" (Vers 20).

Der reiche Narr hatte sich an die falsche Person gewandt („Er dachte bei sich selbst") und die falschen Fragen gestellt („Was soll ich tun?"). Sein Fehler war nicht, dass er vorausplante, sondern dass er bei seinen Planungen Gott nicht mit einbezog. Jesus kritisierte nicht den Wohlstand des Mannes, sondern seine Arroganz, nicht seine persönlichen Ziele, sondern dass Gott darin nicht vorkam. Was wäre, wenn er sich mit seinem Geld an die richtige Person gewandt (Gott) und die richtige Frage gestellt hätte („Was willst du, dass ich damit tue?")?

Reichtümer zu horten ist ein beliebter Schutzmechanismus gegen die Angst. Weil wir Angst haben, unseren Job zu verlieren oder zu wenig Rente zu bekommen, häufen wir Besitztümer an und denken, je mehr wir haben, umso sicherer seien wir. Aus der gleichen Unsicherheit heraus bauten auch die Bewohner von Babel den Turm. Nachdem die Menschen nach der Sintflut in immer weiter entfernte Gebiete gezogen waren, beschlossen sie, wieder enger zusammenzurücken. „Ans Werk! Wir bauen uns eine Stadt mit einem Turm, der bis an den Himmel reicht! Dann wird unser Name in aller Welt berühmt. Dieses Bauwerk wird uns zusammenhalten, sodass wir nicht über die ganze Erde zerstreut werden" (1. Mose 11,4).

Können Sie die Angst hinter diesen Worten spüren? Die Menschen fürchteten sich davor, in alle Winde zerstreut zu werden und getrennt voneinander zu sein. Aber anstatt sich an Gott zu wenden, hielten sie sich an materielle Dinge. Sie horteten und häuften an. Sie sammelten und bauten. Die Nachricht von dem, was sie taten, würde bis zum Himmel reichen und ihre Feinde fernhalten. Das Motto von Babel lautete: „Je mehr du hortest, desto sicherer bist du." Also horteten sie. Sie horteten Steine, Mörtel und Ziegel, Fonds, Lebensversicherungen und Geldanlagen. Sie häuften Renten, Güter und Immobilien an. Ihr materieller Turm wurde so hoch, dass sie allein vom Anschauen ein steifes Genick bekamen.

„Jetzt sind wir sicher!", verkündeten sie bei der Einweihung.

„Nein, das seid ihr nicht", korrigierte Gott sie. Und die großen Bauherren begannen herumzustottern. Die Stadt der einen Sprache erinnerte plötzlich an die Vollversammlung der Vereinten Nationen ohne Dolmetscher. Korrigiert uns Gott heute nicht noch genauso? Wir bauen uns einen Wall aus Aktien und Wertpapieren und verstecken uns hinter Anlagenfonds. Wir vertrauen so sehr auf Renten und Pensionen, dass der Kontoauszug unseren Gemütszustand bestimmt. Und dann kommt eine Wirtschaftskrise wie ein Wirbelsturm daher und macht alles zunichte und das Chaos beginnt wieder von vorn.

Während der Bankenkrise, die im September 2008 begann, wollte ein Mann in Stamford, Connecticut, eine Bank in die Luft jagen. Als er eine halbe Million von seinen zwei Millionen verlor, wollte er mit einer Waffe in die Bank stürmen und wenn nötig unschuldige Menschen töten.[1] Als ob eine Schießerei seinen Verlust wiedergutmachen könnte. Angst war noch nie für ihre Logik bekannt.

Wenn es keinen Gott gäbe, wäre das Vertrauen auf materielle Dinge die einzig vernünftige Reaktion auf eine ungewisse Zukunft. Aber es gibt einen Gott. Und dieser Gott möchte nicht, dass seine Kinder sich auf Geld verlassen. Seine Antwort auf die Dummheit des reichen Mannes war ein Schwall von „Sorgt euch nicht"-Sätzen. „Macht euch keine Sorgen um euer Leben ... Zerbrecht euch also nicht den Kopf darüber, was ihr essen und trinken werdet" (Lukas 12,22.29).

Hören Sie nicht auf den reichen Dummkopf, der zwar in finanzieller Hinsicht reich, aber in spiritueller arm war. Stattdessen gilt: „Sei ohne Angst, du kleine Herde! Euer Vater ist entschlossen, euch seine neue Welt zu schenken!" (Vers 32). Das ist das einzige Mal, dass Jesus uns seine „kleine Herde" nennt. Die Frage nach der Versorgung löst diesen fürsorglichen Tonfall aus.

Ich bin einmal mit einer Schafhirtin durch die Black

Mountains in Wales geritten. Die Schafe waren wie Wattebäusche über das grüne Tal verstreut. Da fanden wir ein Tier, das sich in eine sehr missliche Lage gebracht hatte: Es lag auf dem Rücken in einer tiefen Fahrrinne auf dem Weg und kam nicht mehr hoch.

Als die Hirtin das Tier sah, stieg sie ab, sah mich an und meinte kichernd: „Schafe sind nicht gerade die klügsten Tiere." Sie stellte das Schaf wieder auf die Beine und es rannte davon.

Wir sind auch nicht gerade die cleversten Lebewesen. Aber wir haben einen Hirten, der uns wieder auf die Beine hilft. Er ist unser guter Hirte und wird uns nicht ohne Kleidung oder Nahrung lassen. „Nie sah ich Menschen von Gott verlassen, die ihm die Treue halten, und nie ihre Kinder auf der Suche nach Brot" (Psalm 37,25). Ist das angesichts der gegenwärtigen Situation nicht eine willkommene Erinnerung! Wenn unsere Häuser zwangsversteigert werden und unsere Renten sich in Luft auflösen, brauchen wir einen Hirten, der uns schützt und versorgt. In Christus haben wir einen. Und er „ist entschlossen, euch seine neue Welt zu schenken"!

Freigiebigkeit ist charakteristisch für Gottes Schöpfung. Von der ersten Seite der Bibel an zeigt er sich als Menschen liebender Schöpfer. Er erschafft alles in großer Zahl: Sterne, Pflanzen, Vögel und Tiere. Alle seine Geschenke bringt er in Massen, stapelweise und bunt gemischt. Gott erschafft Adam und Eva in eine „Liturgie des Überflusses"[2] hinein und befielt ihnen, es genauso zu machen: „Seid fruchtbar und vermehrt euch" (1. Mose 1,28).

Nicht Dagobert Duck hat die Welt erschaffen, sondern Gott.

Der Verfasser von Psalm 104 bejubelt diese überschwängliche Schöpfung mit dreiundzwanzig Versen, in denen alle Details der Schöpfung gelobt werden: der Himmel und die Erde, das Meer und die Flüsse, Bäume, Vögel und Ziegen,

Wein und Öl, Brot und Menschen und Löwen. Gott ist die Quelle für das „weite, unermessliche Meer, darin wimmelt es von Lebewesen, von großen und kleinen Tieren. [...] Alle deine Geschöpfe warten darauf, dass du ihnen Nahrung gibst zur rechten Zeit“ (Verse 25.27).

Und das tut er auch. Gott ist der Geber schlechthin. Er ist der Versorger, die Quelle jedes Segens. Er ist absolut großzügig und zuverlässig. Die immer wiederkehrende Botschaft der Bibel lautet: Gott gehört alles. Gott teilt alles mit uns. Vertrauen Sie ihm, nicht materiellen Dingen!

„Ermahne die, die im Sinne dieser Welt reich sind, nicht überheblich zu werden. Sie sollen ihr Vertrauen nicht auf etwas so Unsicheres wie den Reichtum setzen; vielmehr sollen sie auf Gott vertrauen, der uns alles reichlich gibt, was wir zum Leben brauchen. Sie sollen Gutes tun, freigebig sein und ihren Reichtum gerne mit anderen teilen. Wenn sie an guten Taten reich werden, schaffen sie sich einen sicheren Grundstock für die Zukunft, damit sie das wirkliche Leben gewinnen“ (1. Timotheus 6,17–19).

Sind Sie „reich im Sinne dieser Welt“? Wenn Sie genügend Geld besitzen, um sich dieses Buch zu kaufen, und die nötige Bildung, es zu lesen, dann sind Sie bereits reich. Fast die Hälfte der Weltbevölkerung – über drei Milliarden Menschen – muss mit weniger als 2,50 Dollar am Tag auskommen.[3] Wenn Sie mehr verdienen als das, dann sind Sie reich, und Ihr Wohlstand verlangt besondere Wachsamkeit von Ihnen.

„Widrigkeiten können für einen Menschen schwer zu ertragen sein“, schrieb Thomas Carlyle einmal, „aber auf einen Mann, der mit Wohlstand fertig wird, kommen hundert, die mit Widrigkeiten fertig werden.“[4] Materieller Besitz führt oft dazu, dass wir Gott ausblenden, ganz gleich, wie viel oder wenig wir besitzen. Es gibt eine klare Entwicklung von Armut zu Stolz. Ein armer Mensch betet und arbeitet; Gott erhört ihn und segnet ihn. Der demütige Mensch wird reich und vergisst Gott. Aus dem treuen, armen Mensch wird der stolze, reiche Mensch. Gott sagte schon durch den Propheten Hosea: „Doch als es euch immer besser ging, wurdet ihr satt und überheblich, und ihr vergaßt mich“ (Hosea 13,6). Gott wird über den stolzen, reichen Menschen sein Urteil fällen. Wie können wir das vermeiden? Wie kann man Wohlstand überleben?

Seien Sie zunächst einmal nicht überheblich ... Denken Sie auch nicht einen Augenblick lang, dass Sie irgendetwas für Ihren Wohlstand könnten. Die Bibel macht eines ganz deutlich: Ihre Aktien, Ihr Geld und Ihre Pension gehören nicht Ihnen.

„Dem Herrn, eurem Gott, gehören der Himmel und alle Himmelswelten und die ganze Erde mit allem, was darauf lebt“ (5. Mose 10,14; Hfa).

„Dir, Herr, gehören Größe und Kraft, Ehre und Hoheit und Pracht! Alles im Himmel und auf der Erde ist dein Eigentum“ (1. Chronik 29,11).

„Denn mir, dem Herrn, gehört alles Silber und alles Gold“ (Haggai 2,8).

Diese Tatsache war dem reichen Narren, von dem Jesus in seinem Gleichnis berichtete, entgangen. Der klugen Frau, die Jesus im Tempel traf, hingegen nicht: „Dann kam eine arme Witwe und warf zwei kleine Münzen hinein. Da rief er seine Jünger zu sich und sagte: ‚Ich versichere euch: Diese arme Witwe hat mehr gegeben als alle anderen. Denn sie alle haben nur einen winzigen Bruchteil von ihrem Überfluss abgegeben, während diese Frau, so arm sie ist, alles gegeben hat, was sie besaß‘“ (Markus 12,42–44; NL).

Diese Frau hatte nur noch ein paar Groschen, aber anstatt diese für Brot auszugeben, gab sie sie Gott zurück. Die Finanzgenies an der *Wall Street* hätten ihr wahrscheinlich geraten, ihre Spenden „zurückzufahren". Finanzberater hätten den Scheunenbauer zu seiner Strategie beglückwünscht, aber der Frau von ihrer Großzügigkeit abgeraten. Jesus tat genau das Gegenteil. Sein größtes Vorbild im Umgang mit Geld war eine arme Frau, die ihr gesamtes Vermögen in den Opferkasten legte.

Setzen Sie Ihr Vertrauen „nicht auf etwas so Unsicheres wie den Reichtum" (1. Timotheus 6,17). Oder wie es in einer anderen Übersetzung heißt: „[Die Reichen sollen] nicht auf ihr Geld vertrauen, das bald vergehen wird" (NL). Geld ist keine vertrauenswürdige Grundlage. Die Wirtschaft der Vereinigten Staaten hat von 1948 bis 2001 zehn Krisen durchgemacht. Diese Konjunkturflauten dauerten durchschnittlich zehn Monate und führten zu Verlusten in Milliardenhöhe.[5] Etwa alle fünf Jahre lässt die Wirtschaft also all die Menschen fallen, die sie anbeten, und fängt von vorne an. Was würden Sie von einem Mann halten, der das Gleiche mit Frauen macht? Wie würden Sie einen Mann bezeichnen, der innerhalb von fünfzig Jahren mit neun verschiedenen Frauen verheiratet war?

Und wie würden Sie Frau Nummer zehn bezeichnen? Wie wäre es mit „Närrin"? Diejenigen, die sich auf Geld verlassen, sind ausgesprochen unklug. Sie machen sich selbst etwas vor und werden betrogen, fallen gelassen und bitter enttäuscht. Geldgier macht unglücklich.

Das musste auch der amerikanische Liedermacher Bob Russell feststellen, der folgende Begebenheit berichtete:

„Vor einigen Jahren spielten wir mit unserer Familie einmal ‚Monopoly'. Es lief wirklich gut für mich. In der ersten Runde kam ich auf die Lessingstraße und die Parkstraße und kaufte beide. Dann kamen noch die Schillerstraße und

die Schlossallee hinzu. Jeder, der danach auf meine Straßen kam, wurde von mir so richtig geschröpft. Ich kaufte alle vier Bahnhöfe. Ich besaß Häuser und Hotels. Ich konnte mir ein Grinsen nicht verkneifen. Ich hatte so viel Geld, dass ich schon Stapel machte. Während die anderen ihre paar Dollar zählten, besaß ich Hunderttausende!

Um ein Uhr nachts waren schließlich alle pleite und ich hatte gewonnen! Sie standen wortlos vom Tisch auf und gingen ins Bett, ohne mir zu gratulieren.

‚He! Wartet mal!', rief ich. ‚Jemand muss noch das Spiel aufräumen.'

Sie erwiderten: ‚Zur Belohnung darfst du das machen. Gute Nacht.'

Und so saß ich ganz alleine da mit meinen Hotels, Straßen und meinem Geld, und mir wurde klar, dass all das nichts bringt. Und ich musste alles wieder in die Kiste räumen und diese zurück ins Regal legen. Und dann ging ich nach oben in mein kaltes Bett. Meine Frau sagte nicht: ‚Ich bin so stolz auf dich. Du kannst wirklich super Geld anlegen. Wir werden dich niemals schlagen. Du bist Mr Monopoly.' Sie gab mir nur einen flüchtigen Kuss und drehte sich um."[6]

Nur gut, dass Bob diesen Fehler nur im Spiel gemacht hatte. Zu dumm, dass viele diesen Fehler auch in der Realität machen.

„Lass dich nicht einschüchtern, wenn einer steinreich wird und sein Haus immer prachtvoller ausstattet! Nichts kann er davon mitnehmen, wenn er stirbt; was er angehäuft hat, folgt ihm nicht ins Grab. Er preist sich selbst: ‚Ich bin meines Glückes Schmied!', und man schmeichelt ihm, weil er so erfolgreich ist. Und doch kommt auch er dorthin, wo seine Vorfahren sind, die nie mehr das Licht sehen. Ein Mensch mag zu Reichtum und Ansehen kommen; aber wenn er kei-

ne Einsicht erlangt, verendet er wie das Vieh" (Psalm 49,17–21; Hfa).

Alles gehört Gott, und er gibt es uns, damit wir es genießen können. Er ist unser guter Hirte, wir seine kleine Herde. Vertrauen Sie ihm, nicht den materiellen Dingen. Lassen Sie die Angst vor Mangel hinter sich, und erleben Sie das tröstliche Gefühl, versorgt zu werden. Horten Sie weniger und teilen Sie mehr. Wir sollten „Gutes tun, freigebig sein und [unseren] Reichtum gerne mit anderen teilen" (1. Timotheus 6,18).

Vor allem sollten Sie die Angst vor dem bevorstehenden Winter durch den Glauben an den lebendigen Gott vertreiben. Schließlich ist es nur Spielgeld. Und wenn das Spiel zu Ende ist, landet alles wieder in der Kiste.

Kapitel 10

Todesangst

Die Angst vor dem Ende

„Erschreckt nicht, habt keine Angst! Vertraut auf Gott und vertraut auch auf mich! [...] *Und wenn ich gegangen bin und euch den Platz bereitet habe, dann werde ich zurückkommen und euch zu mir nehmen, damit auch ihr seid, wo ich bin."* Johannes 14,1.3

Ich träumte einmal von einem Mann mit einem Filzhut und einem Cordmantel. Er sah aus wie Indiana Jones, wenn dieser vor seinen Schülern steht: distinguiert, wie ein echter Uni-Professor, mit markantem Profil und freundlich blickenden Augen. Der Mann in meinem Traum ging immer auf Beerdigungen. Offensichtlich tat ich das auch, denn in dem Traum kam eine Beerdigung nach der anderen vor – in Aussegnungshallen, Kirchen, auf dem Friedhof. Er nahm niemals seinen Hut ab. Ich fragte ihn nie, warum er ihn trug, aber ich erkundigte mich sehr wohl, warum er bei jeder Bestattung erschien.

„Ich komme, um die Menschen in ihr ewiges Zuhause zu holen." Wäre ich wach gewesen, hätte ich nach dieser Antwort das FBI angerufen und den Kerl überprüfen lassen. Aber es war ein Traum, und in Träumen geschehen seltsame Dinge, also forschte ich nicht weiter nach. Ich fragte ihn nicht, woher er die Beerdigungstermine wusste oder wie er immer dort hinkam. Es kam mir nicht weiter seltsam vor, den Filzhut bei jeder Beerdigung zu sehen. Aber es kam mir sehr seltsam vor, als ich diesem Mann plötzlich mitten auf einer belebten Straße begegnete.

Stellen Sie sich eine Parade an Thanksgiving oder am Nationalfeiertag vor. Die Menschen drängen sich auf der Straße.

„Ich bin überrascht, Sie hier zu sehen", sagte ich zu ihm. Er erwiderte nichts.

Ich sah einen meiner Freunde neben ihm. Er war ein guter Mensch, Witwer, schon etwas älter, mit gesundheitlichen Problemen. Plötzlich wusste ich, was die Gegenwart dieses bemantelten Engels zu bedeuten hatte.

„Sie sind wegen meines Freundes gekommen."

„Nein."

Dann geschah, was nur in Träumen geschehen kann: Alle verschwanden – mit Ausnahme von mir und dem Besucher. Der Gehweg, auf dem gerade noch Menschen dicht gedrängt gestanden hatten, war plötzlich verlassen und so still, dass ich seine nächsten Worte unmöglich missverstehen konnte.

„Max, ich bin deinetwegen hier."

Interessanterweise wehrte ich mich nicht, protestierte nicht und lief auch nicht davon. Ich hatte nur noch eine letzte Bitte. Als er sie mir gewährte, waren die Menschen plötzlich alle wieder da, und ich fing an, von einem zum anderen zu gehen und mich zu verabschieden. Ich sagte niemandem etwas von dem Engel oder dem Hut oder wohin ich ging. Die anderen sollten denken, dass sie mich am nächsten Tag wiedersehen würden.

Aber ich wusste es besser und dadurch wurde die Welt ins rechte Licht gerückt. Mit einem Mal wurde das Bild wieder scharf, als hätte ich das Leben vorher nicht mehr richtig klar gesehen. Dummheiten und Ärger waren vergessen. Ich empfand mehr Liebe. Ich schüttelte einem scharfen Kritiker meiner Bücher die Hand und schenkte einem Bettler meinen Geldbeutel. Ich umarmte einige distanzierte und hitzköpfige Personen. Und für meine liebsten Menschen, meine Frau und meine Töchter, betete ich. Es war das einfachste Gebet, das ich je gesprochen hatte: „Seid stark und vertraut auf Jesus."

Und dann war der Traum vorüber. Ich wachte auf. Und sofort hielt ich jedes Detail des Traumes schriftlich fest.

Er ging mir jahrelang nicht mehr aus dem Kopf. Wie man ein Lieblingslied ständig singt oder einen Lieblingspulli immer wieder anzieht, so rief ich ihn mir immer wieder in Erinnerung. Mit anderen Träumen mache ich das nicht. Aber dieser ist etwas Besonderes, weil er von einem tiefen Wunsch durchdrungen ist, den Sie vielleicht auch verspüren: dem Wunsch, dem Tod furchtlos gegenübertreten zu können. Ohne Angst und langen Kampf zu sterben ... vielleicht sogar mit einem Lächeln auf den Lippen.

Unmöglich? Das sagen viele.

Aristoteles nannte den Tod das am meisten gefürchtete Ereignis, weil er „das Ende aller Dinge ist"[1]. Jean-Paul Sartre behauptete, dass der Tod „dem Leben jeden Sinn nimmt"[2]. Robert Green Ingersoll, bekennender Agnostiker, wusste bei der Beerdigung seines Bruders nichts Tröstendes zu sagen. Er meinte bloß: „Das Leben ist wie ein enges Tal zwischen den zwei kahlen Bergen der Ewigkeit. Wir mühen uns vergeblich ab, um über diese Berge hinauszuschauen."[3] Der Pessimismus des französischen Philosophen François Rabelais war genauso eiskalt. Seine letzten Worte lauteten: „Lasst den Vorhang herunter; die Farce ist zu Ende."[4] Shakespeare beschrieb das Jenseits in Hamlets Zeilen mit den düstersten Worten: „Die Furcht vor etwas nach dem Tod – das unentdeckte Land, von des Bezirk kein Wandrer wiederkehrt."[5]

Sind das nicht traurige, bedrückende Aussagen? Wenn der Tod wirklich nur „das Ende aller Dinge", ein „kahler Berg" oder „das Ende der Farce" ist, wie groß ist dann die

Wahrscheinlichkeit, dass wir mutig sterben? Aber was ist, wenn diese Philosophen danebenliegen? Nehmen wir einmal an, der Tod sei ganz anders, als sie dachten, kein Fluch, sondern ein Übergang, keine Krise, der man aus dem Weg geht, sondern eine Kreuzung, die man überquert? Was ist, wenn der Friedhof nicht das Revier des Sensenmannes ist, sondern das Reich des Seelenhirten, der eines Tages verkünden wird: „Wacht auf und jubelt, Bewohner des Staubes!“ (Jesaja 26,19; ELB)?

Jesus hat uns versprochen: „Erschreckt nicht, habt keine Angst! Vertraut auf Gott und vertraut auch auf mich! Im Haus meines Vaters gibt es viele Wohnungen, und ich gehe jetzt hin, um dort einen Platz für euch bereitzumachen. Sonst hätte ich euch doch nicht mit der Ankündigung beunruhigt, dass ich weggehe. Und wenn ich gegangen bin und euch den Platz bereitet habe, dann werde ich zurückkommen und euch zu mir nehmen, damit auch ihr seid, wo ich bin“ (Johannes 14,1–3).

Während Jesu Worte für uns tröstlich klingen, klangen sie für die damaligen Zuhörer radikal. Er versprach ihnen, etwas zu vollbringen, das sich niemand auch nur vorzustellen wagte. Er wollte von den Toten wiederkehren und seine Nachfolger vor dem Grab retten.

Im traditionellen Judentum waren die Meinungen zum Thema „Auferstehung“ geteilt. „Die Sadduzäer leugnen nämlich die Auferstehung der Toten, und sie bestreiten auch, dass es Engel und andere unsichtbare Wesen gibt. Die Pharisäer dagegen bekennen sich zum Glauben an beides“ (Apostelgeschichte 23,8). Die Pharisäer glaubten zwar an eine Auferstehung, aber im geistlichen Sinne, nicht körperlich. „Es gibt keine Überlieferungen über Propheten, die körperlich auferstanden sind […]. Obgleich Abraham, Isaak und Jakob eine herausragende Stellung im jüdischen Denken einnahmen, stellte sich doch niemand vor, dass sie von den Toten auferstanden seien.“[6]

Die antiken griechischen Philosophen drückten es anders aus, waren aber hinsichtlich des Todes genauso verzweifelt. Zu ihrer Vorstellungswelt gehörten der Fluss Styx und der Fährmann Charon, der nach dem Tod die Seele des Verstorbenen über den Fluss übersetzt und in der Schattenwelt der körperlosen Geister absetzt.

Dorthin kam auch Jesus. Aber er durchquerte diesen Sumpf der Ungewissheit und baute eine stabile Brücke hinüber. Er versprach nicht nur ein Leben nach dem Tod, sondern auch noch ein weitaus besseres Leben im Hier und Jetzt.

„Im Haus meines Vaters gibt es viele Wohnungen, und ich gehe jetzt hin, um dort einen Platz für euch bereitzumachen." Uns Menschen in der westlichen Welt entgeht dabei wahrscheinlich die Anspielung auf die Hochzeit, aber den Zuhörern von Jesus ganz sicher nicht. Das war das Versprechen eines Bräutigams an seine Braut. Wenn der Bräutigam von beiden Familien die Erlaubnis zur Heirat erhalten hatte, ging er ins Haus seines Vaters zurück und baute selbst ein Haus für seine Braut. „Er bereitet einen Platz."

Indem er uns das Gleiche versprach, verband Jesus mit Beerdigungen die gleiche Hoffnung wie mit Hochzeiten. Aus seiner Sicht war der Gang auf den Friedhof genauso aufregend wie der Gang vor den Traualtar.

In unserer Familie spricht uns dieser Punkt im Moment ganz besonders an, da wir gerade eine Hochzeit planen. Nun ja, „wir" ist vielleicht ein bisschen übertrieben. Denalyn und unsere Tochter Jenna planen die Hochzeit. Ich lächle dazu, nicke und unterschreibe die Schecks. Alles dreht sich nur noch um Hochzeitskleider, Hochzeitstorten, Hochzeitseinladungen, Hochzeitsempfänge. Der Termin steht fest, die Kirche ist reserviert und die Aufregung groß. Hochzeiten sind eine tolle Sache!

Und Beerdigungen genauso, sagt Jesus. Bei beiden feiert man den Beginn eines neuen Lebensabschnitts, eines neuen Namens und eines neuen Zuhauses. Bei beiden führt der Bräutigam die Braut davon. Jesus ist unser Bräutigam. „Ich werde zurückkommen und euch zu mir nehmen." Er wird uns am Altar erwarten. Ihr letzter Blick auf Ihr Leben wird gleichzeitig Ihr erster Blick auf ihn sein.

Aber woher wissen wir, dass er sein Versprechen halten wird? Haben wir irgendeine Garantie dafür, dass seine Worte nicht nur leere Hülsen sind oder nutzloser Aberglaube? Wagen wir es, unsere Hoffnungen auf einen Zimmermann aus einer jüdischen Kleinstadt zu setzen und ihm unsere Herzen anzuvertrauen? Die Antwort liegt auf dem Friedhof von Jerusalem. Wenn das Grab von Jesus leer ist, dann ist sein Versprechen es nicht. Der Apostel Paulus hat diese logische Argumentation in einem einzigen Satz zusammengefasst: „Doch das alles geschieht zu seiner Zeit und in seiner vorbestimmten Ordnung: Als Erster wurde Christus vom Tod auferweckt. Wenn er wiederkommt, werden die auferweckt, die zu ihm gehören" (1. Korinther 15,23).

Paulus wandte sich mit seinem Schreiben an Christen in Korinth, die von der griechischen Philosophie über das Schattenreich beeinflusst waren. Irgendjemand hatte versucht, ihnen weiszumachen, dass Leichname nicht auferstehen, weder ihr eigener noch der von Jesus. Der Apostel konnte diesen Gedanken nicht ertragen. „Nun will ich euch noch einmal an die gute Botschaft erinnern" (1. Korinther 15,1; NL). Mit der Dringlichkeit eines Anwalts beim Schlussplädoyer führt er noch einmal die Fakten auf: „Er wurde begraben und ist am dritten Tag von den Toten auferstanden ... Er wurde von Petrus gesehen und dann von den zwölf Aposteln. Danach sahen ihn mehr als fünfhundert seiner Anhänger auf einmal ... Dann wurde er von Jakobus gesehen und später von allen Aposteln. Als Letzter von allen habe auch ich ihn gesehen" (1. Korinther 15,4–8; NL).

„Ladet die Zeugen vor", forderte er auf. „Ruft sie nacheinander in den Zeugenstand, und lasst jeden, der Christus gesehen hat, das bezeugen. Am besten bringt ihr euch aber Proviant mit und sagt alle Termine für die nächsten Tage ab, denn es gibt mehr als fünfhundert Menschen, die bereit sind auszusagen."

Können Sie Paulus' Logik folgen? Wenn nur eine Person behauptet, Jesus nach seinem Tod gesehen zu haben, kann man das unbeachtet lassen. Wenn ein Dutzend Menschen schwören, ihn gesehen zu haben, könnte es auch eine Art Massenhysterie sein. Aber gleich fünfzig? Einhundert? Dreihundert? Wenn etwas nicht nur von einem, sondern von Hunderten von Menschen bestätigt wird, wird aus Unglaube Glaube.

Paulus kannte nicht nur eine Handvoll Augenzeugen, sondern gleich Hunderte. Petrus, Jakobus, Johannes, die Jünger, eine Versammlung von fünfhundert Nachfolgern und auch Paulus selbst. Alle sahen Jesus. Und dieser war körperlich anwesend.

Er war handfeste Tatsache, kein Phantom oder Gefühlsduselei. In Grabesreden kommt manchmal der Satz vor: „Sie wird für immer in unseren Herzen weiterleben." Das sagten die Nachfolger Jesu nicht. Sie sahen Jesus ganz konkret.

Als er seinen Jüngern erschien, versicherte er ihnen: „Ich bin's selber" (Lukas 24,39; LÜ). Die Jünger auf dem Weg nach Emmaus konnten nichts Außergewöhnliches an ihm entdecken. Seine Füße berührten beim Gehen den Boden; seine Hände berührten beim Essen das Brot. Sie dachten, er sei ein ganz normaler Wanderer, bis „ihre Augen geöffnet wurden" (Lukas 24,31). Maria sah Jesus am Grab, sprach ihn mit „Herr" an und hielt ihn für den Gärtner (Johannes 20,15). Die Jünger sahen, wie Jesus am Ufer Fische briet. Der auferstandene Christus agierte ganz gewöhnlich in einem gewöhnlichen Körper. „Ich bin kein Geist", sagte er (Lukas 24,39). „Fasst mich an und überzeugt euch; ein Geist hat doch nicht Fleisch und Knochen wie ich!" (Lukas 24,39).

Jesus ist wirklich und leibhaftig auferstanden. Und jetzt

kommt es: Weil er so auferstanden ist, werden wir auch so auferstehen! „Als Erster wurde Christus vom Tod auferweckt. Wenn er wiederkommt, werden die auferweckt, die zu ihm gehören" (1. Korinther 15,23).

Aristoteles hatte nicht recht. Man muss den Tod nicht fürchten. Sartre hat sich geirrt. Der letzte Augenblick ist nicht der schlimmste. Die griechischen Philosophen waren ebenfalls im Irrtum. Charon setzt uns nicht in das Reich des Vergessens über. Fünfhundert Augenzeugen haben eine Botschaft verkündet, die heute noch widerhallt: Der Tod birgt keine Gefahr!

Lassen Sie uns also im Vertrauen sterben. Lassen Sie den Gedanken an die Auferstehung in jede Faser Ihres Herzens dringen und Ihr Verständnis vom Grab neu definieren. Jesus hat „die Menschen befreit, die durch ihre Angst vor dem Tod das ganze Leben lang Sklaven gewesen sind" (Hebräer 2,15).

Jesus möchte uns den Mut für den letzten Schritt schenken. Er tat es auch bei Charles Lindbergh, dem ersten Menschen, der im Alleinflug den Atlantik überquerte. Als der Flieger entdeckte, dass er Krebs hatte, verbrachte er seine letzten Tage zusammen mit seiner Frau in seinem Haus auf Hawaii. Er beauftragte einen Pastor damit, seine Trauerrede zu halten, und schrieb die folgenden Worte auf, die bei der Beerdigung verlesen werden sollten:

„Wir übergeben den Körper von Charles A. Lindbergh seiner letzten Ruhestätte. Aber seinen Geist übergeben wir dem allmächtigen Gott, denn wir wissen, dass der Tod nur ein weiteres Abenteuer in unserer menschlichen Existenz ist, und wir erinnern uns daran, wie Jesus am Kreuz rief: ‚Vater, in deine Hände befehle ich meinen Geist.'"[7]

Der Tod als „ein weiteres Abenteuer in unserer menschlichen Existenz". Man braucht ihn weder zu fürchten noch totzuschweigen. Weil Jesus lebt, können wir dem Tod ins Auge schauen.

Ich habe es getan. Was Herzoperationen angeht, gehörte die meine sicher bei Weitem nicht zu den schwierigsten. Aber jeder Eingriff, bei dem vier Stunden lang das Herz untersucht wird, erfordert ein paar zusätzliche Gebete. So trugen Denalyn, ich und einige gute Freunde am Vorabend vor dem Eingriff unseren Teil dazu bei. Wir hielten uns in einem Hotel neben der Cleveland-Klinik in Ohio auf und baten Gott, die Ärzte zu segnen und die Schwestern zu leiten. Nachdem wir uns noch einige Minuten unterhalten hatten, wünschten sie mir alles Gute und verabschiedeten sich. Ich musste früh ins Bett gehen. Aber bevor ich einschlafen konnte, musste ich noch einmal beten ... dieses Mal alleine.

Ich fuhr mit dem Aufzug in die Eingangshalle und suchte mir ein ruhiges Eckchen, in dem ich ungestört nachdenken konnte. *Was ist, wenn bei dem Eingriff etwas schiefgeht? Was ist, wenn das mein letzter Abend hier auf der Erde ist? Gibt es noch irgendjemanden, mit dem ich etwas klären muss? Muss ich noch irgendjemand anrufen, um mich zu entschuldigen?* Mir fiel niemand ein. (Wenn Sie jetzt denken, ich hätte Sie anrufen sollen, dann tut es mir leid. Vielleicht sollten wir uns mal unterhalten.)

Dann schrieb ich Briefe an meine Frau und meine Töchter, die alle mit dem Satz begannen: „Wenn du das hier liest, ist bei dem Eingriff etwas schiefgegangen."

Dann hatte ich die aufrichtigste Unterhaltung, die ich je mit Gott geführt hatte. Es fing damit an, dass wir mein erstes halbes Jahrhundert auf dieser Erde einmal durchgegangen sind. Die Einzelheiten würden Sie langweilen, aber für uns beide war es amüsant. Ich dankte ihm für seine überschwängliche Gnade und eine Ehefrau, die ein echter Engel war. Meine Aufzählung von all den guten Dingen, die er mir hatte zuteilwerden lassen, hätte noch die ganze Nacht weitergehen können, und das wäre sie auch beinahe. Also hielt ich inne und sprach folgendes Gebet: „Ich bin in guten Händen, Herr. Die Ärzte haben sich gut vorbereitet; die Assistenten sind erfahren. Aber auch bei der größten Umsicht kann etwas schiefgehen. Das hier könnte mein letzter Abend in diesem Leben sein, und wenn das der Fall sein sollte, wollte ich dir nur sagen, dass das in Ordnung ist."

Und dann ging ich ins Bett und schlief wie ein Stein. Es zeigte sich, dass der Engel mit dem Filzhut nicht kam. Ich habe mich von dem Eingriff erholt, fühle mich besser als je zuvor und hämmere eifrig auf meiner Tastatur herum. Eines hat sich allerdings für mich geklärt: die Frage nach dem Mutig-Sterben.

Ich glaube, das werde ich tun.

Und Ihnen wünsche ich das ebenfalls.

Kapitel 11

Ein Leben voller Überraschungen

Die Angst vor dem, was kommt

„Ich lasse euch ein Geschenk zurück – meinen Frieden. Und der Friede, den ich schenke, ist nicht wie der Friede, den die Welt gibt. Deshalb sorgt euch nicht und habt keine Angst.“
Johannes 14,27; NL

Wenn man das Leben doch nur genauso bestellen könnte, wie man sich einen Kaffee bestellt. Wäre es nicht schön, wenn man die Zutaten für seine Zukunft nach eigenem Geschmack und Ermessen mischen könnte?

„Ich hätte gerne eine große Tasse Abenteuer, aber ohne Gefahren und mit einem Extraschuss Gesundheit.“

„Bitte ein koffeinfreies, langes Leben und ein bisschen Fruchtbarkeit obendrauf. Und mit viel Aktivitäten, aber ohne Behinderungen.“

„Und ich nehme einen Vergnügungs-Mokka mit einer Extraportion Luxus. Aber bitte ohne Konsequenzen.“

„Für mich bitte einen großen Glücks-Latte-macchiato mit einem Klecks Liebe und obendrauf einen Altersruhesitz in der Karibik.“

In *das* Café würde ich auch gehen. Schade, dass es das nicht gibt. In Wahrheit serviert uns das Leben oft ein ganz anderes Gebräu als das, was wir bestellt haben. Hatten Sie schon einmal das Gefühl, dass der Mann hinter der himmlischen Cafétheke Ihren Namen ruft und Ihnen eine Tasse Stress serviert, die Sie gar nicht bestellt hatten?

„Hans Schmidt, hier ist Ihre Frührente mit Eheproblemen und Inflation. Lassen Sie es sich schmecken."

„Sabine Maier, Sie haben einen Uni-Abschluss bestellt und danach Kinder. Hier sind schon mal die Kinder. Herzlichen Glückwunsch zu Ihrer Schwangerschaft."

„Claudia, hier ist Ihr neuer Arbeitsplatz in der 100 Kilometer entfernten Stadt XY, noch ganz heiß, ein halbes Jahr vor dem Schulabschluss Ihrer Tochter. Soll ich noch etwas Geduld draufstreuen?"

Das Leben steckt voller Überraschungen, Veränderungen, Wechsel und Neuem. Neuer Job, neue Schule, neue Wohnung, neue Kollegen. Ständig ändert sich irgendetwas. Manche Veränderungen sind uns willkommen, andere nicht. Und wenn Sie mal denken, dass das Leben gerade in etwas ruhigeren Bahnen verläuft, dann passen Sie bloß auf! Ein 77-Jähriger hat einem Freund von mir neulich erzählt: „Ich hatte ein gutes Leben. Und jetzt genieße ich das Leben und freue mich auf die Zukunft." Zwei Wochen später fegte ein Tornado durch die Gegend, und sein Sohn, seine Schwiegertochter, sein Enkel und die Mutter der Schwiegertochter kamen ums Leben. Wir wissen einfach nicht, was kommt. Auf der Liste unserer Ängste steht die Furcht vor dem, was kommen mag, ziemlich weit oben. Wir hätten es vielleicht gerne etwas ruhiger, aber so kommt es nicht. Auch nicht für die Jünger.

„Ich verlasse euch" (Johannes 14,28).

Was war das für ein Schock für die Jünger, als sie diese Worte hörten! Jesus teilte ihnen die schlechte Nachricht bei der Passahfeier mit, als sie am Donnerstagabend im Obergemach eines Hauses zusammensaßen. Jesus hatte mit seinen Freunden nach einer chaotischen Woche gerade ein schönes Abendessen genossen. Sie hatten Grund zum Optimismus. Jesus wurde immer bekannter. Sie hatten immer mehr Möglichkeiten. Nach nur drei Jahren bejubelte die Menge Jesus. Er war der Hoffnungsträger des Volkes.

Die Jünger unterhielten sich über sein Königreich, wollten Feuer und Schwefel auf ihre Widersacher herabregnen lassen und wetteiferten um Ministerposten. Sie träumten davon, dass Israel wieder in seiner früheren Herrlichkeit erstrahlen würde. Keine römische Besatzungsmacht mehr. Sie wollten ihre Freiheit verkünden und Jesus sollte sie anführen.

Und jetzt das! Jesus sagte: „Ich verlasse euch." Diese Ankündigung machte sie fassungslos. Als Jesus dann noch erklärte: „Den Weg zu dem Ort, an den ich gehe, den kennt ihr ja", erwiderte Thomas aufgebracht: „Herr, wir wissen nicht einmal, wohin du gehst! Wie sollen wir dann den Weg dorthin kennen?" (Johannes 14,4–5).

Jesus servierte seinen Jüngern eine extragroße Tasse tiefgreifender Veränderungen, und sie versuchten, sie zurückgehen zu lassen. Würden wir es nicht genauso machen? Aber wem gelingt das schon? Wer kann ganz ohne Überraschungen durchs Leben gehen? Wenn Sie keine Veränderungen wollen, dann sind Sie hier falsch. Erinnern Sie sich an Salomos Zusammenfassung des Lebens?

„Alles hat seine Stunde. Für jedes Geschehen unter dem Himmel gibt es eine bestimmte Zeit:
eine Zeit zum Gebären und eine Zeit zum Sterben,
eine Zeit zum Pflanzen und eine Zeit zum Abernten der Pflanzen,
eine Zeit zum Töten und eine Zeit zum Heilen,
eine Zeit zum Niederreißen und eine Zeit zum Bauen,
eine Zeit zum Weinen und eine Zeit zum Lachen,
eine Zeit für die Klage und eine Zeit für den Tanz,
eine Zeit zum Steinewerfen und eine Zeit zum Steinesammeln,
eine Zeit zum Umarmen und eine Zeit, die Umarmung zu lösen,

eine Zeit zum Suchen und eine Zeit zum Verlieren,
eine Zeit zum Behalten und eine Zeit zum Wegwerfen,
eine Zeit zum Zerreißen und eine Zeit
zum Zusammennähen,
eine Zeit zum Schweigen und eine Zeit zum Reden,
eine Zeit zum Lieben und eine Zeit zum Hassen,
eine Zeit für den Krieg und eine Zeit für den Frieden"
(Prediger 3,1–8; EÜ).

Wenn ich nachzähle, komme ich hier auf achtundzwanzig verschiedene Zeiten: Geburt, Tod, Trauer, Freude, Liebe, Hass, umarmen, loslassen. Gott teilt das Leben genauso ein, wie er den ganzen Kosmos einteilt: in Zeiträume. Was die Erde angeht, haben wir Gottes Plan ganz gut kapiert: Die Natur braucht den Winter, um zu ruhen, und den Frühling, um wieder zu erwachen. Wir flüchten ja auch nicht in den nächsten Luftschutzbunker, sobald die Bäume Knospen bekommen. Und wenn die Blätter bunt werden, heulen auch nicht die Sirenen. Die Jahreszeiten beunruhigen uns nicht. Aber unerwartete Phasen in unserem persönlichen Leben schon. Wenn man bedenkt, wie wir bei Veränderungen manchmal in Panik geraten, könnte man meinen, es stünde ein Bombenangriff bevor.

„Rennt um euer Leben! Demnächst bin ich mit der Schule fertig!"

„Alle in Deckung! Der Vorstand hat einen neuen Geschäftsführer eingestellt!"

„Packt die Frauen und Kinder in den Bus und bringt sie von hier weg. Der Supermarkt um die Ecke macht zu!"

Veränderungen spielen mit unserem Leben Jo-Jo, und dann schickt Gott uns jemanden, damit wir nicht aus dem Gleichgewicht kommen. Am Vorabend seines Todes gab Jesus seinen Jüngern folgendes Versprechen: „Der Vater wird euch in meinem Namen den Helfer senden, der an meine Stelle tritt, den Heiligen Geist. Der wird euch alles Weitere lehren und euch an alles erinnern, was ich selbst schon gesagt habe. Zum Abschied gebe ich euch den Frieden, meinen Frieden, nicht den Frieden, den die Welt gibt. Erschreckt nicht, habt keine Angst!" (Johannes 14,26–27).

Genau wie eine Lehrerin oft bei ihrem Abschied ihrer Klasse die Nachfolgerin vorstellt, so stellt Jesus uns den Heiligen Geist vor. Und was für eine uneingeschränkte Vertrauenserklärung das ist. Jesus sagt, der Heilige Geist werde „an seine Stelle treten". Der Geist kommt im Namen von Jesus und hat die gleiche Macht und Autorität. Kurz zuvor hatte Jesus gesagt: „Ich werde den Vater bitten, dass er euch an meiner Stelle einen anderen Helfer gibt, der für immer bei euch bleibt" (Vers 16).

„Einen anderen Helfer" – das sind bedeutungsschwere Worte. Im Griechischen gibt es nämlich zwei verschiedene Wendungen für „einen anderen". Die eine bedeutet „einen ganz anderen" und die zweite bezeichnet „einen anderen, genau wie den ersten". Als Jesus ihnen den „anderen Helfer" verspricht, verwendet er den zweiten Ausdruck und verspricht ihnen „einen anderen, genau wie den ersten".

Der Unterschied ist aufschlussreich. Nehmen wir einmal an, Sie fahren mit dem Bus und lesen dabei ein Buch. Jemand setzt sich neben Sie, unterbricht Sie und erkundigt sich nach dem Buch. Sie erwidern: „Es ist von Max Lucado. Hier, nehmen Sie es. Ich kann mir ein *anderes* kaufen."

Meinen Sie mit „Ich kann mir ein anderes kaufen" dann „ein anderes" im Sinne von „irgendein anderes" Buch? Einen Krimi, ein Kochbuch oder einen Taschenbuchschmöker? Natürlich nicht. Da Sie ja einen außergewöhnlich guten Geschmack haben, meinen Sie natürlich genau das gleiche Buch wie das, das Sie gerade freundlicherweise verschenkt haben. Wenn Sie Griechisch sprechen würden, dann hätten Sie das gleiche Wort benutzt wie das, das Johannes hier in Jesu Verheißung verwendet hat: *allos* – „einen anderen, genau wie den ersten".

Und wer ist dieser Erste? Jesus höchstpersönlich. Jesus versichert seinen Jüngern also: „Ich verlasse euch. Für euch fängt eine neue Zeit an, ein neues Kapitel. Vieles wird anders werden, aber eine Sache bleibt gleich: meine Gegenwart. Ihr werdet von einem ‚anderen Helfer' begleitet."

„Helfer" kann auch übersetzt werden mit „Tröster" (LÜ), „Beistand" (ELB), „Ratgeber" (NL), „Ermutiger, Anwalt" (Anm. NL), „Fürsprecher" (Anm. NGÜ). All diese Begriffe versuchen die wunderbare Bedeutung des Begriffs *parakletos* wiederzugeben, eines zusammengesetzten griechischen Wortes. *Para* bedeutet „neben, bei, entlang, zu" (wie in „parallel" oder „paradox"). *Kletos* heißt „gerufen sein, bestimmt sein, ernannt sein". Der Heilige Geist ist also bestimmt, zu Ihnen hinzuzukommen. Er ist Jesu Gegenwart bei und in seinen Nachfolgern.

Sehen Sie, warum die Jünger diese Ermutigung brauchten? Es war Donnerstagabend, der Abend vor der Kreuzigung. Bis zum Morgengrauen würden alle Jesus verlassen haben. Am Morgen würden sie sich in irgendwelchen Höhlen und Löchern verstecken. Um neun Uhr morgens würden die Römer Jesus ans Kreuz genagelt haben. Am nächsten Tag um diese Zeit würde Jesus tot und begraben sein. Ihre Welt stand kurz davor, auf den Kopf gestellt zu werden. Und Jesus wollte, dass sie wussten: Sie werden bei allem, was kommt, niemals ohne seine Hilfe sein.

Und Sie ebenfalls nicht. Sie haben einen Reisegefährten.

Sie haben einen Pat McGrath. Pat ist mein Fahrradkumpel. Vor einigen Jahren fing ich mit dem Rennradfahren an, um ein Hobby zu haben und mehr Sport zu treiben. Ich kaufte mir einen Helm, Handschuhe und ein Straßenrennrad. Ich befestigte meine Schuhe in den Pedalen und wäre bei der ersten Fahrt beinahe gestorben. Für einen alten, übergewichtigen Mann erscheint jeder Hügel wie der Mount Everest. Ich musste mein Fahrrad schließlich nach Hause schieben.

Pat hörte von meinem neuen Hobby und bot mir an, mit mir zu fahren. Für Pat kommt das Fahrradfahren noch vor dem Atmen. Für ihn *ist* Fahrradfahren Atmen. Wenn er nicht berufstätig wäre und fünf Kinder hätte, hätte es bei der „Tour de France" vielleicht einen weiteren Amerikaner gegeben. Seine Beine arbeiten wie Maschinenkolben und sein Herz wie eine Dampflok. Als ich mich über die steilen Anstiege und den heftigen Gegenwind beklagte, bot er mir an: „Kein Problem. Häng dich an mein Hinterrad."

Sich an das Hinterrad eines anderen zu hängen heißt, von seiner Kraft zu profitieren. Wenn Pat und ich heftigen Gegenwind haben, reihe ich mich hinter ihm ein und fahre so dicht hinter ihm, wie ich mich traue. Mein Vorderrad ist dann keinen halben Meter von seinem Hinterrad entfernt. Er stemmt sich gegen den Wind und ich kann in seinem Windschatten fahren. Und wenn wir einen steilen Hügel hinauffahren? Es ist mir ja ein wenig peinlich, das zuzugeben, aber Pat legt mir dann immer seine Hand auf den Rücken und schiebt mich.

Hätten Sie nicht auch gerne so einen Freund? Sie haben einen. Wenn Sie Ihr Vertrauen auf Jesus setzen, wird er seinen Geist vor, hinter und in Sie hineinlegen. Es ist kein fremder Geist, sondern derselbe Geist: der *parakletos*. Alles, was Jesus für seine Jünger getan hat, wird sein Geist auch für Sie tun. Jesus hat gelehrt; der Heilige Geist lehrt auch. Jesus hat geheilt; der Heilige Geist heilt auch. Jesus hat getröstet; sein Heiliger Geist tröstet auch. Wenn Jesus Sie in eine neue Jahreszeit Ihres Lebens schickt, schickt er den Ratgeber und Tröster mit.

Gott behandelt Sie so wie eine Mutter einmal ihren kleinen Sohn Timmy. Ihr gefiel es nicht, dass Timmy, der in der ersten Klasse war, alleine zur Schule gehen sollte. Aber er war schon zu groß, um noch von seiner Mutter gebracht zu werden. „Außerdem kann ich doch mit einem Freund gehen", erklärte er. Also versuchte sie, ruhig zu bleiben, und las ihm jeden Morgen aus dem 23. Psalm vor: „Güte und Huld werden mir folgen mein Leben lang …“

Eines Tages hatte sie eine Idee. Sie bat eine Nachbarin, ob diese ihm nicht unauffällig zur Schule folgen könne, damit er sie nicht bemerkte. Die Nachbarin war einverstanden, da sie morgens ohnehin mit ihrem Kleinkind spazieren ging.

Nach einigen Tagen bemerkte Timmys Freund die Dame mit dem Kind.

„Weißt du, wer die Frau mit dem Kind ist, die uns immer zur Schule folgt?“

„Klar“, antwortete Timmy. „Das ist Gitte mit ihrer Tochter Hulda.“

„Wer?“

„Meine Mutter liest mir jeden Morgen aus dem 23. Psalm von ihnen vor: ‚Gitte und Hulda werden mir folgen mein Leben lang.‘ Ich werde mich wohl daran gewöhnen müssen.“

Sie werden sich auch daran gewöhnen müssen. Gott lässt Sie nie alleine gehen. Stehen Ihnen größere Veränderungen bevor? Sind Sie dabei, ein neues Kapitel aufzuschlagen? Erkennen Sie am Baum Ihres Lebens Anzeichen dafür, dass eine neue Jahreszeit anbricht? Gottes Botschaft an Sie ist klar: Auch wenn sich alles andere verändert, Gottes Gegenwart bleibt ewig. Sie sind in Begleitung des Heiligen Geistes unterwegs, „der wird euch alles Weitere lehren und euch an alles erinnern, was ich selbst schon gesagt habe“ (Johannes 14,26).

Also dürfen Sie sich mit dem anfreunden, was als Nächstes auf Sie zukommt.

Nehmen Sie es an. Akzeptieren Sie es. Wehren Sie sich nicht dagegen. Veränderung gehört nicht nur zum Leben dazu, sie ist ein notwendiger Bestandteil von Gottes Strategie. Um durch uns die Welt zu verändern, weist er uns neue Aufgaben zu. Gideon: Aus dem Bauern wurde ein Heerführer. Maria: Aus dem armen Bauernmädchen wurde die Mutter von Jesus. Paulus: Aus dem örtlichen Rabbi wurde der weltweit tätige Evangelist. Gott machte aus dem kleinen Bruder Josef einen ägyptischen Prinzen und aus dem Schafhirten David einen König. Petrus wollte im See von Genezareth Fische fangen. Aber Gott gab ihm den Auftrag, die erste Gemeinde zu leiten. Gott teilt uns neue Lebensaufgaben zu.

Vielleicht fragen Sie sich jetzt, was mit den tragischen Veränderungen in unserem Leben ist, die Gott zulässt. Manche Zeiten in unserem Leben ergeben einfach keinen Sinn. Wer kann schon die Behinderung eines Kindes oder die unglaubliche Zerstörung durch ein Erdbeben im Puzzle des Lebens unterbringen? Wenn ein Unternehmen eine Stelle streicht oder ein Vater arbeitslos wird ... hat das dann einen Sinn?

Es hat einen Sinn, wenn wir es von der Perspektive der Ewigkeit her betrachten. Was hier in diesem Leben keinen Sinn ergibt, wird im nächsten Leben sehr wohl Sinn ergeben. Ich habe den Beweis dafür: die Zeit, als Sie im Bauch Ihrer Mutter waren.

Ich weiß, dass Sie sich nicht mehr daran erinnern können, deshalb will ich Ihrem Gedächtnis etwas auf die Sprünge helfen. Jeder Tag der Schwangerschaft hat Sie für das Leben auf dieser Erde ausgerüstet. Ihre Knochen wurden gefestigt, Ihre Augen haben sich entwickelt, durch die Nabelschnur wurden Sie mit Nährstoffen versorgt, damit Sie wachsen ... und wozu das alles? Um im Bauch zu bleiben? Ganz im Gegenteil. Die Zeit im Bauch hat Sie für Ihre Zeit auf dieser Welt vorbereitet und Sie für ein Leben nach der Geburt ausgerüstet.

Manches von dem, was Sie im Bauch bereits hatten, brauchten Sie dort gar nicht. Sie hatten eine Nase, atmeten aber nicht. Ihre Augen bildeten sich, aber Sie konnten nichts sehen. Auch Ihre Zunge, Ihre Zehennägel oder Ihr

Haarflaum waren im Bauch Ihrer Mutter nutzlos. Aber sind Sie nicht froh, dass Sie all diese Dinge jetzt haben?

Manche Kapitel in unserem Leben scheinen genauso nutzlos zu sein wie die Nase eines Ungeborenen: Leid, Einsamkeit, Krankheit, Massenvernichtungen, der Tod eines Märtyrers, Wirbelstürme. Wenn wir davon ausgehen, dass es im Leben nur darum geht, glücklich zu sein, dann hat es schon allein wegen dieser grausamen Dinge seinen Sinn verfehlt. Aber was wäre, wenn dieses Leben nur der „Mutterleib" ist? Könnte es sein, dass diese Herausforderungen, so schwerwiegend sie auch sein mögen, nur dazu dienen, uns auf die zukünftige Welt vorzubereiten? Paulus schrieb: „Denn unsere jetzigen Sorgen und Schwierigkeiten sind nur gering und von kurzer Dauer, doch sie bewirken in uns eine unermesslich große Herrlichkeit, die ewig andauern wird!" (2. Korinther 4,17; NL).

„Unermesslich große Herrlichkeit" – davon hätte ich gerne eine extragroße Tasse voll. „Eine Maxi-Tasse endloser Freude in Gottes Gegenwart mit viel Staunen, aber lassen Sie bitte den Schmerz weg." Nur zu, bestellen Sie das ruhig. Der Mann hinter der himmlischen Theke kocht immer noch Kaffee. Wer weiß – vielleicht ist das ja Ihre nächste Tasse.

Kapitel 12

Leise Zweifel

Die Angst, dass es Gott nicht gibt

„‚Warum habt ihr Angst?', fragte Jesus. ‚Wieso zweifelt ihr daran, dass ich es bin?'"
Lukas 24,38; Hfa

Woody Allen kann nachts nicht schlafen. Er ist ein unruhiger Zeitgenosse. Der Filmemacher, der bereits über siebzig ist, wird von Ängsten geplagt. Wenn man ihn mit seinem schüchternen Verhalten und dem sanften Lächeln sieht, würde man das niemals vermuten. Er wäre jedermanns Lieblingsonkel, freundlich und umgänglich. Seine Frisur scheint das Einzige zu sein, das bei ihm durcheinander ist. Aber unter der Oberfläche lauern seine Ängste wie Riesenschlangen.

Die Leere droht ihn zu überwältigen. Als überzeugter Atheist hält Allen das Leben für ein „bedeutungsloses, kurzes Aufflackern". Kein Gott, keinen Sinn im Leben, kein Leben nach dem Tod und logischerweise auch kein Leben vor dem Tod. „Mir fällt kein guter Grund ein, warum das Leben besser sein sollte als der Tod", gesteht er, „außer vielleicht, dass ich zu viel Angst davor habe. [...] Alle Züge fahren an den gleichen Ort. Alle fahren zur Grube."

Deshalb dreht er Filme, um sich abzulenken. Seit Jahrzehnten produziert er sie wie am Fließband – jedes Jahr einen. „Ich muss mich auf etwas konzentrieren können, damit ich nicht das große Ganze sehe.“[1]

Es wird wohl irgendeinen Menschen auf dieser Erde geben, der Woody Allens Ängste nicht nachvollziehen kann. Es muss doch irgendjemanden geben, der noch nie an Gottes Existenz gezweifelt oder seine Güte infrage gestellt hat. Aber wer auch immer das ist, es ist nicht der Autor dieses Buches.

Ich habe meine Woody-Allen-Momente meist ausgerechnet sonntagmorgens. Dann wache ich ganz früh auf – lange bevor sich ein anderes Familienmitglied regt, die Sonne aufgeht oder die Zeitung im Vorgarten landet. Der Rest der Welt mag ruhig ausschlafen – ich nicht. Der Sonntag ist mein großer Tag, der Tag, an dem ich vor einer Gemeinde stehe, die bereit ist, dreißig Minuten ihrer kostbaren Zeit gegen ein bisschen Hoffnung und Überzeugung einzutauschen.

Meistens habe ich davon genug für alle. Aber hin und wieder eben nicht. (Beunruhigt es Sie, das zu wissen?) Manchmal trifft mich in den frühen Morgenstunden – lange bevor ich auf die Kanzel steigen muss – die ganze Absurdität dessen, was ich glaube. Ich erinnere mich da vor allem an ein Osterfest. Während ich im Licht der Schreibtischlampe die Predigt noch einmal durchlas, kam mir die Botschaft von der Auferstehung plötzlich wie ein Mythos vor. Sie schien mir eher eine Legende zu sein als die wahre Botschaft des Evangeliums. Engel sitzen auf Grabsteinen; erst braucht man Grabtücher, dann wieder nicht; zu Tode erschrockene Soldaten; ein toter und wieder lebendiger Jesus. Ich erwartete schon fast, dass beim nächsten Umblättern von irgendwoher ein Flaschengeist oder die sieben Zwerge auftauchen würden. Das ist alles ziemlich weit hergeholt, finden Sie nicht auch?

Ich zumindest denke das manchmal. Und wenn ich das

denke, kann ich Woody Allens Unbehagen nachempfinden: Es ist die Angst, dass Gott nicht existiert. Die Angst, dass es auf das Warum keine Antwort gibt. Die Angst eines Lebens ohne Ziel. Die Angst, dass es nicht mehr gibt als den Status quo und dass alle, die etwas anderes glauben, wahrscheinlich nur Verrückte sind, die sich auch ein Strandhaus in Alaska kaufen würden. Es sind diese eiskalten, lautlosen, entsetzlichen Schatten des Alleinseins in einem Tal, das aus dem Nebel kommt und in den Nebel führt.

Das Tal des leisen Zweifels.

Vielleicht kennen Sie diese graue Landschaft. Dort

- liest sich die Bibel wie ein Fabelbuch;
- kommen die Gebete wie das eigene Echo zu uns zurück;
- sind moralische Grenzen nur mit einem dünnen Bleistiftstrich gezogen;
- werden Gläubige abwechselnd bemitleidet oder beneidet, denn einer von uns ist auf dem Holzweg. Aber wer?

Mehr oder weniger kommen wir alle einmal in dieses Tal. Und früher oder später brauchen wir alle einen Plan, wie wir ihm wieder entrinnen können. Darf ich Ihnen meinen verraten? Diese Sonntagmorgen-Zweifel lösen sich inzwischen dank eines kleinen Meisterwerks, eines Quells des Glaubens, der den letzten Seiten des Lukasevangeliums entspringt, ganz schnell in Luft auf. Der ehemalige Arzt, der zum Geschichtsschreiber wurde, hat sein letztes Kapitel ausschließlich einer einzigen Frage gewidmet: Wie reagiert Jesus, wenn wir an ihm zweifeln?

Er führt uns in das Obergemach in Jerusalem. Es war der Sonntagmorgen nach der Kreuzigung am Freitag. Die Nachfolger von Jesus hatten sich versammelt, aber nicht, um die Welt zu verändern, sondern um ihr zu entfliehen. Sie waren keine mutigen Bekenner der Guten Nachricht, sondern kleine Angsthasen. All ihre Hoffnungen hatten sie mit dem toten Zimmermann zu Grabe getragen. Ein Stall voller Hühner wäre mutiger gewesen als sie und eine Qualle hätte mehr Rückgrat gehabt. Glaube ohne Angst? Ein Fremdwort. Vergeblich hätte man in den bärtigen Gesichtern nach einem Funken Entschlossenheit oder einem Anzeichen von Mut gesucht.

Aber beim ersten Anblick der strahlenden Frauengesichter hätte ihr Herz einen Satz gemacht. Lukas' Bericht zufolge waren diese in den Raum gestürzt und hatten verkündet, dass sie Jesus gesehen hatten.

„[Die Frauen] *liefen schnell zurück, um den elf Jüngern – und allen anderen – zu berichten, was geschehen war. Die Frauen, die zum Grab gegangen waren, waren Maria Magdalena, Johanna und Maria, die Mutter von Jakobus, und mehrere andere. Sie erzählten den Aposteln, was geschehen war, doch für diese klang die Geschichte völlig unsinnig, deshalb glaubten sie ihnen nicht*" (Lukas 24,9–11; NL).

Das ist eine ermutigende Botschaft für alle Zweifler. Die „Berufsjünger" hatten ebenfalls Zweifel. Aber Jesus wollte sie mit ihren Fragen nicht alleinlassen. Wie sich herausstellte, war er alles andere als tot und begraben. Als er entdeckte, dass zwei der Jünger die Straße zu einem Dorf namens Emmaus entlangtrotteten,

„kam Jesus selbst, schloss sich ihnen an und ging mit ihnen. Aber sie wussten nicht, wer er war, weil Gott verhinderte, dass sie ihn erkannten. ‚Worüber redet ihr', fragte Jesus. ‚Was beschäftigt euch denn so?' Da blieben sie voller Traurigkeit stehen" (Verse 15–17).

Für diese Aufgabe wären Engel nicht genug gewesen und auch kein Abgesandter oder eine himmlische Armee. Jesus höchstpersönlich eilte zu Hilfe.

Und wie stärkte er den Glauben seiner Jünger wieder? Ihm stand jedes Mittel zur Verfügung. Am Freitag, bei seiner Kreuzigung, hatte es zur Bekräftigung ein Erdbeben und eine Sonnenfinsternis gegeben. Matthäus berichtet in seinem Evangelium sogar: „Die Leiber vieler gottesfürchtiger Männer und Frauen, die schon längst verstorben waren, wurden von den Toten auferweckt. Nachdem Jesus auferstanden war, verließen sie die Gräber, gingen in die Heilige Stadt Jerusalem und erschienen dort vielen Menschen" (Matthäus 27,52–53). Jesus hätte ein paar von ihnen zu den Emmaus-Jüngern schicken können, damit sie mit diesen sprachen. Oder er hätte ihnen eine Führung durch das leere Grab anbieten können. Er hätte sogar die Felsen sprechen oder einen Feigenbaum tanzen lassen können. Aber Jesus tat nichts von alledem. Und was tat er stattdessen? „[...] er begann bei Mose und den Propheten und erklärte ihnen alles, was in der Schrift über ihn geschrieben stand" (Lukas 24,27; NL).

Und ehe man sich's versah, hielt Jesus für die Emmaus-Jünger einen Bibelkurs „Einführung in das Alte Testament" – von den fünf Büchern Mose bis zu Jesaja, Amos und den übrigen Propheten. Der Weg nach Emmaus wurde zu einem Bibel-Lehrpfad. Was hat er ihnen wohl erklärt? Wie es war, als das Wasser des Roten Meeres wie eine Mauer dastand? Wie die Mauern von Jericho zusammenbrachen? Oder wie König David von der Mauer seines Palastes aus eine verheiratete Frau beim Baden beobachtete? Nein, was Jesus wichtig war, war alles, was in der Heiligen Schrift über *ihn* geschrieben stand. Jesus erscheint – wie das Wasserzeichen auf Geldscheinen – auf mehr Seiten des Alten Testaments, als man glaubt: Jesus ist Noah, der die Menschheit vor dem Untergang rettet; Abraham, der Vater einer neuen Nation; Isaak, der von seinem Vater geopfert wird; Josef, der für einen Beutel Silbermünzen verkauft wird; Mose, der ein Volk aus der Sklaverei befreit; Josua, der das Volk ins verheißene Land führt.

Jesus „begann bei Mose und den Propheten und erklärte ihnen alles". Können Sie sich vorstellen, wie Jesus Stellen aus dem Alten Testament zitiert hat? Ob das 53. Kapitel des Buches Jesaja wohl in etwa folgendermaßen geklungen hat: „Wegen *eurer* Schuld wurde *ich* gequält und wegen *eures* Ungehorsams geschlagen. Die Strafe für *eure* Schuld traf *mich* und *ihr* seid gerettet. *Ich* wurde verwundet und *ihr* seid heil geworden" (Vers 5)? Oder was ist mit Kapitel 28? „Auf dem Zionsberg habe *ich* ein festes Fundament gelegt, einen harten und kostbaren Eckstein, der allen Anstürmen standhält" (Vers 16). Ob er den Emmaus-Jüngern wohl einen Tipp gegeben und gesagt hat: „Ich bin der Eckstein, über den Jesaja an dieser Stelle schreibt"? Wir wissen nicht, was er gesagt hat, aber wir wissen, welche Wirkung seine Worte hatten. Die beiden Jünger sagten später: „Brannte es nicht wie ein Feuer in unserem Herzen, als er unterwegs mit uns sprach?" (Lukas 24,32).

Inzwischen hatten die drei die felsigen Hügel in Richtung Nordwesten verlassen und waren in ein fruchtbares Tal mit Obstgärten und Olivenbäumen gekommen. Jerusalems Trauer und das Blutvergießen lagen hinter ihnen und waren über der Unterhaltung vergessen. Der Fußmarsch von elf Kilometern fühlte sich eher wie ein halbstündiger gemütlicher Spaziergang an. Allzu schnell verging die Zeit; die Jünger wollten noch mehr von ihm hören. „Inzwischen waren sie in die Nähe von Emmaus gekommen. Jesus tat so, als wollte er weitergehen. Aber sie ließen es nicht zu und sagten: ‚Bleib doch bei uns! Es geht schon auf den Abend zu, gleich wird es dunkel!' Da folgte er ihrer Einladung und blieb bei ihnen. Als er dann mit ihnen zu Tisch saß, nahm er das Brot, sprach das Segensgebet darüber, brach es in Stücke und gab es ihnen. Da gingen ihnen die Augen auf und sie erkannten ihn. Aber im selben Augenblick verschwand er vor ihnen" (Verse 28–31).

Jesus lehrte aus der Heiligen Schrift und brach das Brot,

und dann war er verschwunden, so wie sich der Morgendunst an einem heißen Sommertag auflöst. Die Emmaus-Jünger zögerten nicht lange. Die beiden ließen die Brotreste liegen, rannten mit den Überresten ihrer zerbrochenen Träume zurück nach Jerusalem und platzten bei den Aposteln zur Tür herein. Sie wollten gerade mit ihrer Entdeckung herausplatzen, als sie von Jesus höchstpersönlich unterbrochen wurden, der ihnen die Show stahl:

„Noch während sie berichteten, stand Jesus plötzlich mitten im Kreis der Jünger. ‚Friede sei mit euch!', begrüßte er sie. Die Jünger erschraken furchtbar. Sie dachten, ein Geist stünde vor ihnen. ‚Warum habt ihr Angst?', fragte Jesus. ‚Wieso zweifelt ihr daran, dass ich es bin?'" (Verse 36–38; Hfa).

(Lesen Sie nicht zu hastig über den Zusammenhang zwischen Angst und Zweifel hinweg, den Jesus hier herstellt. Zweifelnde Jünger sind zitternde Jünger. Kein Wunder, dass unsere Zweifel bei Jesus oberste Priorität haben.)

„‚Seht doch die Wunden an meinen Händen und Füßen! Ich bin es wirklich. Hier, fasst mich an und überzeugt euch, dass ich kein Geist bin. Geister sind doch nicht aus Fleisch und Blut!' Und er zeigte ihnen seine Hände und Füße. Aber vor lauter Freude konnten sie es noch immer nicht fassen, dass Jesus vor ihnen stand. Endlich fragte er sie: ‚Habt ihr etwas zu essen hier?' Sie brachten ihm ein Stück gebratenen Fisch, den er vor ihren Augen aß. Dann sagte er zu ihnen: ‚Erinnert euch daran, dass ich euch oft angekündigt habe: »Alles muss sich erfüllen, was bei Mose, bei den Propheten und in den Psalmen über mich steht.«' Nun erklärte er ihnen die Worte der Heiligen Schrift" (Verse 39–45; Hfa).

Die Jünger wussten nicht, ob sie anbetend auf die Knie fallen oder das Weite suchen sollten. Irgendjemand beschloss, dass das alles zu schön war, um wahr zu sein, und sagte, Jesus sei ein Geist. Dieser hätte allen Grund gehabt, beleidigt zu sein. Schließlich war er für sie durch die Hölle gegangen, um sie zu retten, und jetzt konnten sie ihn nicht von Aladins Flaschengeist unterscheiden. Aber wie er es immer mit Zweiflern tut, streckte Jesus ihnen erst die eine, dann die andere Hand hin. Und dann kam die Einladung: „Fasst mich an." Er bat um etwas zu essen und zwischen zwei Bissen gebratenem Fisch fing Jesus mit der zweiten Schulstunde an diesem Tag an. „‚Erinnert euch daran, dass ich euch oft angekündigt habe: Alles muss sich erfüllen, was bei Mose, bei den Propheten und in den Psalmen über mich steht.' Nun erklärte er ihnen die Worte der Heiligen Schrift" (Verse 44–45; Hfa).

Hier zeichnet sich allmählich ein Muster ab:

- Jesus entdeckt zwei Kumpel, die nach Emmaus trotten und aussehen, als hätten sie gerade ihren besten Freund beerdigt. Jesus holt sie entweder ein oder wird zu ihnen hingebeamt ... das wissen wir nicht genau. Er spricht das Thema aus dem Garten Eden und dem 1. Buch Mose an, und – *schwupps* – essen sie zusammen zu Abend, es wird ihnen warm ums Herz und ihnen werden die Augen geöffnet.
- Jesus schaut bei den ängstlichen Löwen im Obergemach vorbei. Er kommt nicht als Supermann vorbeigeschwebt, sondern steht ihnen von Angesicht zu Angesicht gegenüber und streckt ihnen seine Hände mit den Nägelmalen zum Anfassen hin. Er isst, erklärt ihnen das Alte Testament, die Jünger fassen Mut, und wir finden zwei ganz praktische Antworten auf die Frage, was wir mit unseren Zweifeln tun sollen.

Was antwortet er? „Fasst meinen Leib an und denkt über meine Geschichte nach."

Das können wir auch heute noch tun. Wir können immer noch den Leib Christi anfassen. Natürlich hätten wir es gerne, wenn wir seine Wunden spüren und den Körper des Nazareners berühren könnten. Aber wenn wir mit der Gemeinde Jesu in Berührung kommen, dann tun wir genau das. „Die Gemeinde ist sein Leib: Er, der alles zur Vollendung führen wird, lebt in ihr mit seiner ganzen Fülle" (Epheser 1,23).

Zweifel können uns zu Einsiedlern machen und uns zum Rückzug treiben. Aber in unseren Höhlen werden wir keine Antworten finden. Jesus schenkt uns durch die Gemeinschaft Mut. Er zerstreut unsere Zweifel durch das Miteinander. Er gibt niemals einem einzelnen Menschen alles Wissen, sondern verteilt es wie Puzzleteile auf viele. Wenn wir unser Wissen miteinander verbinden und uns gegenseitig mitteilen, was wir entdeckt haben, wenn wir gemeinsam bekennen und beten, spricht Jesus zu uns.

Der Zusammenhalt der Jünger sollte uns eine Lehre sein. Sie blieben beisammen. Trotz zerstörter Hoffnungen blieben sie in vertrauter Gemeinschaft beieinander. „[Sie] unterhielten sich über alles, was geschehen war" (Lukas 24,14). Ist das nicht ein Bild von Gemeinde – Menschen, die ihre Notizen und Ideen austauschen, verschiedene Möglichkeiten erörtern und sich gegenseitig ermutigen? Und während sie das taten, tauchte Jesus auf, um sie zu lehren, und bewies, dass an der Aussage „Wo zwei oder drei in meinem Namen zusammenkommen, da bin ich selbst in ihrer Mitte" (Matthäus 18,20) etwas dran ist.

Und wenn er spricht, dann erzählt er seine eigene Geschichte. Gottes Therapie für Zweifler ist sein eigenes Wort: „Der Glaube kommt aus dem Hören der Botschaft; und diese gründet sich auf das, was Christus gesagt hat" (Römer 10,17; Hfa).

Also hören Sie darauf.

Jack hat es getan.

Wir haben dieses Kapitel mit der Geschichte eines Atheisten begonnen und so möchte ich es auch mit der Geschichte eines anderen Atheisten schließen. Jack fasste die erste Hälfte seines Lebens einmal in einem Vorfall aus seinen späten Teenagerjahren zusammen: Er kam an die Universität von Oxford und erwartete voller Vorfreude den Anblick der berühmten Gemäuer und Türme. Aber während er den Weg entlangging, sah er nichts von dieser wunderbaren Uni. Erst als er sich umdrehte, bemerkte er, dass er in die falsche Richtung und vom Campus weg- statt darauf zuging. Mehr als dreißig Jahre später schrieb er: „Damals erkannte ich nicht, wie sehr dieser kleine Vorfall ein Abbild meines gesamten Lebens war."

Er war ein streitbarer Ungläubiger und hielt entschlossen an seiner Überzeugung fest, dass es Gott nicht gab, denn kein Gott könnte für eine solche Katastrophe wie die menschliche Existenz verantwortlich sein. Er fasste seine Weltanschauung mit einem Vers des römischen Philosophen Lukrez zusammen:

„Hätte Gott die Welt geschaffen,
wäre sie nicht so gebrechlich und fehlerhaft,
wie wir sie sehen."

Nachdem er sich von Gott abgewandt hatte, wandte Jack sich dem Studium zu und wies in jedem Studienfach hervorragende Leistungen vor. Schon bald achteten die Dozenten ihn als einen der ihren, und er begann, zu lehren und zu schreiben. Aber dicht unter dieser Oberfläche nagten die Zweifel an ihm. Er beschrieb seinen Gemütszustand mit Begriffen wie „niedergeschlagen", „elend" und „hoffnungslos". Er war wütend, pessimistisch und gefangen in einem Netz aus Widersprüchen. „Ich hielt daran fest, dass Gott nicht existiert. Aber ich war auch wütend auf Gott, *weil* er nicht existierte." Jack hätte Woody Allens Einschätzung des Lebens zugestimmt: Alle Züge fahren an denselben Ort ... zur Grube. Wahrscheinlich hätte er sein gesamtes Leben damit verbracht, auf die Dunkelheit zuzutuckern, wenn da nicht zwei Dinge gewesen wären.

Einige seiner besten Freunde, die ebenfalls Dozenten in Oxford waren, legten ihre materialistische Einstellung ab und wurden Gott-Nachfolger und Jesus-Suchende. Zunächst dachte Jack, ihre Entscheidung sei nur Quatsch, und fürchtete sich nicht davor, „mit hineingezogen" zu werden. Dann lernte er andere Lehrkräfte kennen, die er bewunderte und sehr achtete, darunter J. R. R. Tolkien und H. V. V. Dyson. Beide waren engagierte Christen und drängten Jack dazu, etwas zu tun, das er überraschenderweise noch nie getan hatte: die Bibel zu lesen. Und er tat es.

Als er das Neue Testament las, war er überwältigt von der Hauptfigur: Jesus Christus. Jack hatte Jesus immer als einen hebräischen Philosophen und großen Morallehrer abgetan. Aber während er las, rang er mit den Behauptungen, die dieser Mensch aufstellte: Er bezeichnete sich selbst als den Sohn Gottes und bot den Menschen die Vergebung ihrer Schuld an.

Jack kam zu dem Schluss, dass Jesus entweder verrückt war oder ein Verführer oder tatsächlich derjenige, der er zu sein behauptete: der Sohn Gottes.

Am Abend des 19. September 1931 machten Jack und seine beiden Kollegen Tolkien und Dyson einen langen Spaziergang durch die Buchenhaine und entlang der Wege des Universitätscampus – so eine Art Wanderung nach Emmaus. Denn während sie so gingen, sprachen sie über die Behauptungen Jesu und den Sinn des Lebens. Sie unterhielten sich noch bis spät in die Nacht. Jack – C. S. „Jack" Lewis – erinnerte sich später an einen Windstoß, der die ersten Blätter von den Bäumen wehte – eine plötzliche Brise, die für ihn womöglich den Heiligen Geist symbolisierte. Bald nach diesem Abend wurde Lewis Christ. Er „fing an zu verstehen, worum es im Leben wirklich geht und was er versäumt hätte, hätte er das nicht begriffen". Diese Veränderung stellte seine ganze Welt auf den Kopf und in der Folge auch die Welt von Millionen seiner Leser.[2]

Was hat C. S. Lewis, diesen begabten, hochintelligenten, felsenfest überzeugten Atheisten, dazu bewegt, Jesus nachzufolgen? Ganz einfach: Er kam in Kontakt mit dem Leib Jesu, seinen Nachfolgern, und hörte seine Geschichte, die in der Bibel erzählt wird.

Kann es wirklich so einfach sein? Kann man die Kluft zwischen Zweifel und Glaube wirklich mit der Bibel und der Gemeinschaft mit Gläubigen überbrücken? Probieren Sie es einmal aus. Vertiefen Sie sich doch das nächste Mal, wenn die Schatten des Zweifels kommen, in die alten Geschichten von Mose, die Gebete Davids, die Berichte der Evangelien und die Briefe von Paulus. Gesellen Sie sich zu anderen Nachfolgern und machen Sie täglich einen Emmaus-Spaziergang. Und wenn sich Ihnen unterwegs ein netter Fremdling mit klugen Lehren anschließt ... denken Sie doch einmal darüber nach, ob Sie ihn nicht zum Abendessen einladen wollen.

Kapitel 13

Und wenn es noch schlimmer kommt?

Die Angst vor weltweiten Katastrophen

„Ihr werdet von Kriegen hören und Nachrichten über Kriege werden euch beunruhigen. Gebt acht, lasst euch nicht erschrecken!" Matthäus 24,6; EÜ

Ich könnte gut auf die Informationen zu Gegenanzeigen verzichten, die auf den Beipackzetteln von Medikamenten angegeben sind. Ich verstehe zwar ihren Sinn: Die Hersteller müssen vor allen eventuellen Gefahren warnen, damit wir sie nicht verklagen können, falls wir nach der Einnahme des Medikaments grün anlaufen oder uns ein dritter Arm wächst. Das verstehe ich durchaus. Trotzdem passen die glücklichen Gesichter schmerzfreier Menschen in der Werbung einfach nicht zu der Sprecherstimme, die warnend verkündet: „Zu Risiken und Nebenwirkungen lesen Sie die Packungsbeilage oder fragen Sie Ihren Arzt oder Apotheker."

Ich kann nur hoffen, dass diese Praxis der rückhaltlosen Enthüllung nicht auch auf die Kreissäle übergreift. Das könnte durchaus passieren. Schließlich sollten Babys, die kurz davorstehen, den Mutterleib zu verlassen, wissen, worauf sie sich einlassen. Vorgeburtliche Warnhinweise könnten auf der Entbindungsstation zu einer festen Einrichtung werden. Stellen Sie sich das einmal vor: Ein Rechtsanwalt steht neben dem Bett der Gebärenden und liest in Richtung ihres Bauches das Kleingedruckte eines Vertrags vor, während sie daliegt und zwischen den Wehen tief durchzuatmen versucht.

„Herzlich willkommen in der Welt jenseits der Nabelschnur. Ich muss Sie hiermit darauf hinweisen, dass das menschliche Leben nach unseren Erkenntnissen meistens mit dem Tod endet. In vereinzelten Fällen kann es zum Kontakt mit tödlichen Viren, chemischen Wirkstoffen und/oder blutrünstigen Terroristen kommen. Die Geburt kann auch zu einer tödlichen Begegnung mit einem Tsunami, betrunkenen Piloten, Verkehrsrowdys, einer Hungersnot, Atomkatastrophe und/oder dem Erleiden des prämenstruellen Syndroms führen. Bekannte Nebenwirkungen des Lebens sind schwere Viruserkrankungen, Herzerkrankungen, Abschlussprüfungen. Das menschliche Leben wird nicht empfohlen für Personen, die diesen Planeten nicht mit Tyrannen teilen oder ein Flugzeugessen nicht überleben können."

Das Leben ist ein gefährliches Unterfangen. Wir leben unsere Tage im Schatten bedrohlicher Realitäten. Es scheint, als liege die Macht zur Vernichtung der Menschheit in den Händen von Personen, die nur allzu bereit dazu sind. Die Diskussion über einen neuen Weltkrieg bewegte einen kleinen Jungen einmal zu der Bitte: „Mama, können wir nicht irgendwo hingehen, wo es keinen Himmel gibt?"[1] Wenn das Klima auf der Erde sich noch weiter erwärmt ... wenn geheime Unterlagen in die falschen Hände geraten ... wenn der Falsche auf den falschen roten Knopf drückt ... Was ist, wenn alles nur noch schlimmer wird?

Jesus hat bereits angekündigt, *dass* es noch schlimmer werden wird. Er hat den geistlichen Ausverkauf, das wirtschaftliche Chaos und weltweite Christenverfolgung angekündigt. Aber bei alldem hält er daran fest, dass es immer noch möglich ist, sich mutig zu verhalten:

„Seht zu, dass euch niemand verführe! Denn viele werden unter meinem Namen kommen und sagen: Ich bin der Christus! Und sie werden viele verführen. Ihr werdet aber von Kriegen und Kriegsgerüchten hören. Seht zu, erschreckt nicht! Denn es muss geschehen, aber es ist noch nicht das Ende. Denn es wird sich Nation gegen Nation erheben und Königreich gegen Königreich, und es werden Hungersnöte und Erdbeben da und dort sein. Alles dies aber ist der Anfang der Wehen. Dann werden sie euch in Bedrängnis überliefern und euch töten; und ihr werdet von allen Nationen gehasst werden um meines Namens willen. Und dann werden viele verleitet werden und werden einander überliefern und einander hassen; und viele falsche Propheten werden aufstehen und werden viele verführen; und weil die Gesetzlosigkeit überhandnimmt, wird die Liebe der meisten erkalten; wer aber ausharrt bis ans Ende, der wird gerettet werden. Und dieses Evangelium des Reiches wird gepredigt werden auf dem ganzen Erdkreis, allen Nationen zu einem Zeugnis, und dann wird das Ende kommen" (Matthäus 24,4–14; ELB).

Es wird noch schlimmer werden, sehr viel schlimmer, bevor es besser wird. Und wenn sich alles verschlimmert, dann „Seht zu, erschreckt nicht!" (Vers 6). Für das Wort „erschrecken" hat Jesus im Original einen sehr starken Ausdruck gebraucht, den er sonst nirgends verwendet hat. Er bedeutet so viel wie „heulen, laut weinen", als wollte Jesus seinen Jüngern sagen: „Dreht nicht durch, wenn schlimme Dinge passieren."

Die Jünger hatten gerade viel Aufhebens um den Tempel in Jerusalem gemacht. Seine Nachfolger waren beeindruckt von den riesigen behauenen Steinen – manche bis zu acht Meter lang – und bestaunten das imposante Bauwerk aus verschiedenfarbigem Marmor, der an Meereswellen erinnerte. Jesus war weniger beeindruckt: „Ihr bewundert das alles? Ich sage euch, hier wird kein Stein auf dem andern bleiben. Alles wird bis auf den Grund zerstört werden“ (Vers 2).

Stellen Sie sich einmal vor, jemand sage den Einsturz des Weißen Hauses, des Buckingham Palace oder des Louvre voraus. Wüssten Sie dann nicht auch gerne die Einzelheiten? Den Jüngern ging es jedenfalls so: „Sag uns, wann wird das geschehen, und woran können wir erkennen, dass du wiederkommst und das Ende der Welt da ist?“ (Vers 3).

Sie saßen gerade auf dem Ölberg, hatten einen guten Blick auf den Tempel und die Stadt Davids, als Jesus sie warnte – nach dem Motto: „Zieht euch warm an, das ist jetzt kein Scherz, aber das Leben kann tödlich enden.“

Und dann begann er mit den Warnungen: „Seid auf der Hut und lasst euch von niemand täuschen! Viele werden unter meinem Namen auftreten und von sich behaupten: Ich bin der wiedergekommene Christus! Damit werden sie viele irreführen“ (Verse 4–5). Zwei Mal kommt darin das Wort „viele“ vor. Viele Verführer und viele Verführte. Gemeinden sind der ideale Nährboden für selbstherrliche Egoisten, die sich als Diener Gottes ausgeben. Sie tun dies „in seinem Namen“, beanspruchen auf diese Weise eine Sonderstellung und behaupten, geistlich einfach schon weiter zu sein. Sie brüsten sich mit besonderem Wissen und schmücken ihre Predigten mit Sätzen wie „Gott hat mir gezeigt ...“, „Gott hat mir gesagt ...“ oder: „Gott hat mir offenbart ...“ Sie treten als religiöse Gurus auf, die geheime Codes knacken, zu einem Kreis von Auserwählten gehören und damit andeuten, dass sie Zugang zu Erkenntnissen haben, die gewöhnlichen Menschen verschlossen bleiben. Manche von ihnen stellen sich sogar auf die gleiche Stufe mit Jesus und sagen: „Ich bin der wiedergekommene Christus“ (Vers 5).

José Luis de Jesús Miranda ist einer von ihnen. Er spricht nicht nur von Jesus oder betet zu ihm. Dieser Mann behauptet, der wiedergekehrte Jesus zu sein. Anders als Jesus von Nazareth lehrt dieser Jesus von Puerto Rico, dass es keine Sünde mehr gibt und dass seine Nachfolger nichts Falsches mehr tun können. Tausende von Jüngern in über 30 Ländern haben seine Lehren geschluckt.[2]

„Lasst euch nicht täuschen", warnt Jesus. „Lasst euch von ihrem aalglatten Äußeren, ihrer geübten Rhetorik und ihrem einstudierten Auftreten nicht verführen." An anderer Stelle der gleichen Predigt sagt Jesus: „Es werden so manche mit dem Anspruch auftreten, der versprochene Retter oder ein Prophet zu sein. Sie werden sich durch große und aufsehenerregende Wunder ausweisen und würden damit sogar die von Gott Erwählten irreführen, wenn das möglich wäre" (Matthäus 24,24).

Menschenmengen und Wunder. Riesige Versammlungen und großartige Taten. Massenaufläufe. Zur-Schau-Stellen von Macht. Wenn Sie so etwas sehen, dann sollten Sie sehr vorsichtig sein. Lautstärke ist nicht gleichbedeutend mit echtem Glauben. Lassen Sie sich nicht durch Zahlen und Kunststückchen hinters Licht führen. Satan kann beides imitieren.

Messen Sie alles, was Sie hören, und die Menschen, die es sagen, an folgenden Versen: „Wer ist der Lügner? Der, der verneint, dass in Jesus der Sohn Gottes erschienen ist. Das ist der Antichrist; er verneint mit dem Sohn auch den Vater. Wer den Sohn leugnet, hat auch keine Verbindung mit dem Vater. Wer sich aber zum Sohn bekennt, ist auch mit dem Vater verbunden" (1. Johannes 2,22–23). Falsche Propheten versuchen immer, die Rolle von Jesus herunterzuspielen, und messen der Rolle der Menschen zu viel Bedeutung bei. Nehmen Sie es mit der Lehre ganz genau. Halten Sie sich an die eine Frage: Weist der Redner seine Zuhörer auf Jesus hin? Lautet die Antwort ja, dann seien Sie dankbar und beten Sie für denjenigen. Lautet die Antwort nein, dann verschwinden Sie, solange Sie es noch können.

Außer Irrlehren kommen auch noch Katastrophen auf uns zu: „Ihr werdet von Kriegen hören und Nachrichten über Kriege werden euch beunruhigen. Gebt acht, lasst euch nicht erschrecken! Das muss geschehen. Es ist aber noch nicht das Ende. Denn ein Volk wird sich gegen das andere erheben und ein Reich gegen das andere und an vielen Orten wird es Hungersnöte und Erdbeben geben. Doch das alles ist erst der Anfang der Wehen" (Matthäus 24,6–8; EÜ).

Die Natur ist hochschwanger und steuert auf die Geburt zu. Wenn in Kansas ein Tornado durch eine Stadt fegt oder in Pakistan ein Erdbeben alles plattmacht, dann ist das mehr als eine starke Luftdruckveränderung oder die Verschiebung von tektonischen Platten. Das Universum erlebt seine letzten Stunden, bevor die Geburtswehen einsetzen. Es wird zu schmerzhaften Kontraktionen kommen.

Das gilt auch für kriegerische Auseinandersetzungen: „Kriege und Nachrichten über Kriege". Eine Nation dringt in ein anderes Land ein. Eine Supermacht fordert eine andere heraus. Grenzen brauchen immer Kontrollpunkte. Kriegsberichterstatter werden niemals arbeitslos werden. In diesem Leben werden wir niemals Frieden erleben.

Christen werden am meisten leiden. „Dann werden sie euch an die Gerichte ausliefern, euch misshandeln und töten. Die ganze Welt wird euch hassen, weil ihr euch zu mir bekennt. Wenn es so weit ist, werden viele vom Glauben abfallen und sich gegenseitig verraten und einander hassen. Zahlreiche falsche Propheten werden auftreten und viele von euch irreführen. Und weil der Ungehorsam gegen Gottes Gesetz überhandnimmt, wird die Liebe bei den meisten von euch erkalten" (Matthäus 24,9–12).

Im Paradies sind unzählige Menschen, die auf diese Art ums Leben kamen: Petrus, Paulus, Stephanus, Jakobus, Ignatius von Antiochien, Polycarp, Justus der Märtyrer, Origenes. Die Welt hasste diese Christus-Nachfolger.

Und dieser Hass lodert heute noch genauso heiß wie damals. „Stimme der Märtyrer", eine internationale christliche Organisation, die sich für Religionsfreiheit einsetzt, berichtet, dass im vergangenen Jahrhundert mehr Christen wegen ihres Glaubens getötet wurden als in allen vorangegangenen Jahrhunderten zusammen. Zu Paulus, Jakobus und Petrus sind jetzt noch Tsehay Tolessa aus Äthiopien, Xu Yonghai aus der Volksrepublik China und Mehdi Dibaj aus dem Iran gekommen.[3] Die „Weltweite Evangelisationsbewegung" berichtet von durchschnittlich 165.000 Märtyrern pro Jahr. Das sind mehr als vier Mal so viele wie im gesamten vorangegangenen Jahrhundert.[4]

So stolz die USA auch auf ihre Religionsfreiheit sein mögen – die Wut auf Christen wächst stetig. Dozenten machen sich öffentlich über gläubige Studenten lustig. Talkshow-Moderatoren ziehen über gläubige Menschen her. Wir müssen damit rechnen, dass die Verfolgung weiter zunimmt. Und wenn das geschieht, werden diejenigen, deren Glaubensüberzeugungen auf etwas wackligen Füßen steht, umkippen. „Die Liebe wird bei den meisten von euch erkalten" (Vers 12). Blinde Passagiere werden von Bord springen. Halbherziger Glaube wird erkalten. Bei vielen Gottesdienstbesuchern wird sich herausstellen, dass ihr Glaube nur vorgetäuscht war. Sie werden ihren Glauben nicht nur aufgeben, sondern auch noch den treuen Christen das Leben schwermachen.

Wird diese Verfolgung auch uns erreichen? Manche von Ihnen hat sie zweifellos schon erreicht. Viele von uns wird sie wahrscheinlich noch erreichen. Wenn wir wegen unseres Glaubens ins Gefängnis kommen oder wegen unserer Überzeugungen den Job verlieren, dann möge uns Gott helfen, uns an Jesu Rat zu erinnern: „Seht zu, erschreckt nicht!" (Vers 6; ELB).

Nicht durchdrehen, wenn Irrlehren und Katastrophen auf Sie zukommen und Christen sich vom Glauben abwenden. Lassen Sie sich nicht mit hineinziehen, und geben Sie nicht auf, denn schon bald rückt der Sieg in greifbare Nähe: „Wer aber bis zum Ende standhaft bleibt, wird gerettet. Aber die Gute Nachricht, dass Gott schon angefangen hat, seine Herrschaft aufzurichten, wird in der ganzen Welt verkündet werden. Alle Völker sollen sie hören. Danach erst kommt das Ende“ (Verse 13–14).

Jesus hat seinen Nachfolgern Mut mit Weitblick vermittelt. Erst berichtete er von allen Stürmen des Lebens und dann wies er auf „das Ende“ hin. Wer auf den großen Sieg vertrauen kann, hat auch großen Mut. In seinem Buch „Der Weg zu den Besten“ weist Jim Collins auf diese Perspektive hin. Collins erzählt darin die Geschichte von Admiral James Stockdale, der im Vietnamkrieg acht Jahre lang Kriegsgefangener war.

Nachdem Stockdale freigekommen war, erkundigte Collins sich, wie es ihm denn gelungen war, acht Jahre in einem Kriegsgefangenenlager zu überleben.

Stockdale antwortete: „Ich habe nie daran gezweifelt, wie das Ganze ausgehen würde. Ich habe nicht nur niemals daran gezweifelt, dass ich wieder freikommen würde, sondern auch immer daran geglaubt, dass ich letzten Endes standhalten und diese Erfahrung zu einem prägenden Bestandteil meines Lebens machen würde, den ich im Nachhinein nicht missen möchte.“

„Und wer hat es nicht geschafft?“, fragte Collins.

„Oh, ganz einfach“, erwiderte Stockdale, „die Optimisten ... diejenigen, die immer gesagt haben: ‚Bis Weihnachten sind wir draußen.‘ Und dann kam Weihnachten und nichts passierte. Dann sagten sie: ‚Bis Ostern sind wir draußen.‘ Und Ostern kam und nichts passierte. Und dann kam Erntedank und dann wieder Weihnachten. Und sie starben an gebrochenem Herzen.“[5]

Wahrer Mut nimmt sowohl die gegenwärtigen Schwierigkeiten als auch den letztendlichen Sieg als Realität an. Ja, das Leben ist manchmal zum Kotzen. Aber das wird nicht immer so bleiben. Wie einer meiner Freunde immer sagt: „Am Ende wird alles gut werden. Wenn es nicht gut wird, dann ist es eben noch nicht das Ende."

Übertreiben Sie also nicht, auch wenn die Gemeinde gesiebt und Personen aussortiert werden wie bei Gideons Armee; auch wenn die Erde vom Klimawandel geschüttelt wird und von Katastrophen regelrecht blutverschmiert ist; auch wenn die Schöpfung am Polarkreis gestrandet zu sein scheint. „Werde ruhig vor dem Herrn und warte gelassen auf sein Tun! Wenn Menschen, die Böses im Schilde führen, auch noch ständig Erfolg haben, reg dich nicht auf!" (Psalm 37,7).

Vermeiden Sie ebenfalls blinden Optimismus. Wir haben nichts davon, wenn wir die Unmenschlichkeit des menschlichen Lebens beschönigen. Diese Welt ist vergiftet. Aber wir sollten auch nicht in den Chor der Angsthasen einstimmen und den Untergang beweinen. „Der Himmel stürzt ein! Der Himmel stürzt ein!"

Der überlegt handelnde, klar denkende, gläubige Jesus-Nachfolger steht irgendwo zwischen übertriebenem Optimismus und Angstmacherei, zwischen blindem Leugnen und unverhohlener Panik. Mit offenen Augen, aber ohne Angst. Unerschrocken im Angesicht des Schreckens. Er ist der gelassenste Junge in der Straße, und das nicht, weil es keine Rowdys gibt, sondern weil er auf seinen großen Bruder vertraut. Früher kannten die Christen diesen Frieden Gottes: „Mag ein ganzes Heer mich umzingeln, ich habe keine Angst. Auch wenn es zum Kampf kommt: Ich vertraue auf ihn" (Psalm 27,3).

Nachdem im Zweiten Weltkrieg die Innenstadt von Warschau durch Bombenangriffe vollkommen zerstört worden war, stand nur noch das Skelett eines Gebäudes im Zentrum der Stadt. „Das schwerbeschädigte Gebäude war das Zentrum der Britischen und Internationalen Bibelgesellschaft, und die Worte auf der einzigen Wand, die noch stand, waren von der Straßenseite her deutlich zu lesen: ‚Himmel und Erde werden vergehen; meine Worte aber werden nicht vergehen.'"[6] Das ist ein Sinnbild für die christliche Hoffnung. Auch wenn die Welt zusammenbricht, das Werk Christi wird bestehen bleiben.

Also: „Seht zu, erschreckt nicht!" (Matthäus 24,6; ELB).

„Seht zu ..." ist eine der Lieblingswendungen von Lehrern und Chefs. „Sehen Sie zu, dass Sie die Berichte fertig haben." Oder: „Der Abgabetermin für den Aufsatz ist morgen. Seht zu, dass ihr fertig seid." Diese Worte fordern zu besonderer Aufmerksamkeit auf, verlangen besondere Konzentration und Entschlossenheit. Will Jesus das nicht auch von uns? In dieser gefährlichen Zeit, auf diesem zerbrechlichen Erdball, wo Berichte von finanziellen Zusammenbrüchen und immer mehr Attentate oder Drohungen die Inhalte der Nachrichten bestimmen, hätten wir allen Grund, uns in eine Höhle aus Angst und Bedauern zurückzuziehen.

Aber Jesus sagt: „Seht zu, erschreckt nicht!" (ELB).

„Passt auf, aber habt keine Panik!" (Volxbibel).

„Achtet darauf, aber erschreckt nicht!" (Hfa).

„Haltet in Treue durch, auch wenn es euch das Leben kostet. Dann werde ich euch als Siegespreis ewiges Leben schenken" (Offenbarung 2,10).

Achten Sie darauf, dass die Hülle Ihres Glaubens dem Zusammenprall mit dieser Welt standhält.

Die Erbauer der *Titanic* hätten auch so schlau sein sollen. Das Luxuskreuzfahrtschiff sank, weil die Erbauer billige Nieten verwendet und schlecht geplant hatten, so jedenfalls eine Theorie im Zusammenhang mit dem Untergang des Schiffes. Die Nieten sind der „Klebstoff", der die Stahlplatten zusammenhält. Da es nicht ausreichend qualitativ hochwertiges Material gab, verwendeten sie Nieten von minderer Qualität, die bei der Kollision mit dem Eisberg rissen.[7]

Wie stabil sind die Nieten Ihres Glaubens? Verstärken Sie sie durch tägliches Lesen in der Bibel, regelmäßige Anbetung und aufrichtige Gemeinschaft mit Gott. „Mut ist Angst, die ihre Gebete verrichtet hat."[8]

Und denken Sie immer daran: „Das alles ist erst der Anfang vom Ende – der Beginn der Geburtswehen" (Matthäus 24,8). Und Geburtswehen sind nichts Schlechtes. (Ich habe natürlich leicht reden.) Geburtswehen signalisieren, dass es gleich so weit ist. Die Hebamme versichert der werdenden Mutter: „Es wird nur kurze Zeit wehtun, dann wird alles wieder gut." Und Jesus versichert uns dies ebenfalls. Kriege in vielen Ländern dieser Welt zeigen an, dass der Geburtstermin unmittelbar bevorsteht. Es sind nur noch ein paar Stunden und ein paar kräftige Kontraktionen bis zur Entbindung. Nur noch wenige Sekunden auf der großen Uhr bis zum krönenden Abschluss der Schöpfung. Eine ganz neue Welt kommt!

„Es muss so kommen" (Vers 6). „Muss" ist ein schönes Wort, weil es bestätigt, dass alles, was geschieht – auch die schlimmsten Dinge –, zum göttlichen Plan dazugehört. Jede Bewährungsprobe, jede Schwierigkeit hat ihren Platz in Gottes Plan. „Der Grund, weshalb wir nicht erschrecken sollen, ist nicht der, dass Kriege nicht schrecklich seien – ganz im Gegenteil –, sondern weil über allem Chaos ein göttlicher Plan steht."[9]

Alle Dinge, die großen wie die kleinen, sind Teil von Gottes Plan und dienen dazu, dass sein guter Wille Wirklichkeit wird. Auch wenn es so scheint, als sei die Welt vollkommen außer Kontrolle geraten, dann ist sie es nicht. Wenn Kriegstreiber das Sagen zu haben scheinen, haben sie es dennoch nicht. Wenn Umweltkatastrophen unsere Welt aus dem Gleichgewicht zu bringen scheinen, sollten

Sie sich dennoch nicht davon aus dem Gleichgewicht bringen lassen.

Vertrauen wir unserem Vater im Himmel, so wie Peter Wirth seinem irdischen Vater vertraute.

Peter war einundzwanzig und ging zur Uni, als er plötzlich heftige Schmerzen in der rechten Schulter hatte. Er rief seinen Vater an und fragte diesen um Rat. Die meisten Studenten würden das sicher tun: zu Hause anrufen, wenn man einen Rat braucht. Aber nur wenige Studenten haben einen Vater, den sie in dieser Situation fragen können. Peters Vater Michael ist nämlich ein weltklasse Chirurg in der Orthopädie eines Krankenhauses und sein Spezialgebiet sind Schulterverletzungen. Wenn Peter Dr. Wirth wegen eines Schulterproblems anruft, dann ist das in etwa so, als würde Bill Gates' Tochter ihren Vater wegen eines Computerproblems anrufen.

Zunächst schrieb Michael die Schmerzen dem Gewichtheben zu. Aber nachdem noch ein Taubheitsgefühl und Kribbeln im Arm dazukamen, hatte der Arzt den Verdacht, dass es sich um eine sehr seltene Erkrankung handelte, eine Venenthrombose in der Schulter: In der Schulter seines Sohnes bildete sich ein Blutgerinnsel, und das gefährlich nahe am Herzen. Michael kannte nicht nur das Krankheitsbild, er war auch Mitverfasser einer Abhandlung über deren Behandlung. Er riet Peter, im Krankenhaus eine Ultraschalluntersuchung machen zu lassen. Es stellte sich heraus, dass Michaels Ferndiagnose genau zutraf. Peter wurde sofort stationär aufgenommen, das Blutgerinnsel konnte gelöst und sein Leben gerettet werden.

Wäre es nicht toll, so einen Vater zu haben?

Wir haben ihn. Er hat die Schmerzen dieser Welt korrekt diagnostiziert und ein Buch über ihre Behandlung geschrieben. Wir können ihm vertrauen. „Am Ende wird alles gut werden. Wenn es nicht gut wird, ist es eben noch nicht das Ende."

Kapitel 14

Die einzige „gesunde" Furcht

Die Angst, dass Gott nicht in meine Schublade passt

„Als die Jünger diese Worte hörten,
warfen sie sich voller Angst nieder, das Gesicht zur Erde.
Aber Jesus trat zu ihnen, berührte sie und sagte:
‚Steht auf, habt keine Angst!'"
Matthäus 17,6–7

Vor mir in der Warteschlange an der Hotelrezeption stand eine Frau, die sich mein Buch unter den Arm geklemmt hatte. Ich zögerte noch, ob ich mich vorstellen sollte, weil ich befürchtete, dass ihr Arzt ihr das Buch zur Behandlung ihrer Schlafstörungen verschrieben haben könnte. Aber dann ging ich das Risiko ein. Sie erzählte sogar, das Buch gefiele ihr. Aber sie glaubte mir nicht, dass ich der Autor war.

Sie schlug die Einbandseite auf, schaute auf mein Bild und dann wieder zu mir. „Sie sind nicht Max Lucado."

„Doch, der bin ich. Das Bild im Bucheinband ist alt. Ich habe mich verändert."

Ohne zu lächeln, schaute sie noch einmal auf das Bild und sagte: „Nein. Max Lucado hat einen Schnauzbart, keine Falten und dichtes Haar."

„Das war einmal", erklärte ich ihr.

Aber sie ließ sich nicht umstimmen. „Das hat er heute auch noch."

Ich wollte schon meinen Führerschein herausholen, beschloss dann aber, ihr ihre Illusion nicht zu rauben. Wenn sie mich unbedingt als Dreißigjährigen in Erinnerung behalten wollte, warum sollte ich dann mit ihr streiten?

Außerdem kann ich ihr Zögern verstehen. Wenn man jemanden einmal in eine Schublade gesteckt hat, ist es einfacher, ihn dort zu lassen. Sie wusste, wer ich war. Sie hatte ein Bild von mir. Eine klare Vorstellung. Bis in alle Ewigkeit auf einem kleinen Umschlagfoto festgehalten. Max in der Schublade.

Schubladen schaffen Ordnung. Sie verhindern, dass die Messer runterfallen oder überall Papier herumliegt. Wenn es darum geht, Dinge zu erfassen, sind Schubladen eine großartige Sache. Doch wenn es darum geht, Menschen zu begreifen, sind sie denkbar ungeeignet. Und wenn es gar darum geht, Jesus zu beschreiben, liegen wir mit unseren Schubladen völlig daneben.

Seine Landsleute versuchten es dennoch. Und sie besaßen dazu eine ganze Reihe von Schubladen. Aber er passte in keine einzige von ihnen. Sie nannten ihn einen Revoluzzer – bis er seine Steuern bezahlte. Sie bezeichneten ihn als einfachen Handwerker – aber dann brachte er sogar die Gelehrten durcheinander. Sie kamen, um seine Wunder zu sehen – aber er weigerte sich, welche zu vollbringen. Er widersetzte sich allen einfachen Definitionen. Er war ein Jude, der die Heiden anzog; ein Rabbi, der nicht in der Synagoge predigte; ein Heiliger, der mit Dirnen und Abschaum herumhing. Obwohl er in einer von Männern beherrschten Gesellschaft lebte, gab es Frauen unter seinen Nachfolgern. Obwohl er in einer antirömischen Kultur lebte, weigerte er sich, Rom an den Pranger zu stellen. Er sprach wie ein König, lebte aber wie ein armer Wanderprediger.

Die Menschen versuchten, ihm einen Stempel aufzudrücken, aber es gelang ihnen nicht.

Aber wir versuchen es heute noch.

Mein brasilianischer Freund und Taxifahrer hatte sich eine kleine Jesusfigur auf das Armaturenbrett seines Taxis geklebt. Jedes Mal, wenn er eine Parklücke oder eine grüne Ampel brauchte, rieb er an seinem „Bitte-bitte-Jesus" aus Plastik.

Der Prediger, der immer nachts im Fernsehen auftrat, versicherte mir und anderen Zuschauern seiner Sendung, dass Wohlstand nur ein Gebet weit entfernt war. Man musste nur den „Goldesel-Jesus" darum bitten.

Auch ich hatte Jesus einmal auf eine Handvoll Lehren reduziert. Er war für mich wie ein Kochrezept, zu dem ich die richtigen Zutaten besaß. Wenn man sie nur richtig mischte, kam ein selbstgebackener Jesus heraus.

Politiker ziehen die passende Jesus-Version aus dem Regal und versichern den Wählern, dass Jesus ganz bestimmt Rot, Gelb, Grün oder Schwarz wählen würde, dass er immer oder nie wählen gehen würde; dass er wie ein Falke, eine Taube oder ein Adler wäre. Der Jesus in der Farbe meiner Wahl ist vor allem vor Wahlen extrem praktisch.

Schubladen-Götter findet man in der geschlossenen Faust von Menschen, die lieber einen Gott haben, den sie in der Hand halten, kontrollieren und vorhersagen können. Wenn man ein Leben führt, in dem alles drunter und drüber geht, braucht man einen zahmen Gott, nicht wahr? In einer Welt, die außer Kontrolle zu sein scheint, dürfen wir die Kontrolle über Gott nicht verlieren. Wir brauchen etwas zum Kuscheln und Trösten, so etwas wie einen Schoßhund oder eine Schmusekatze. Einen Gott, der kommt, wenn wir ihn rufen, der schnurrt, wenn wir ihn kraulen. *Wenn wir es nur schaffen, dafür zu sorgen, dass Gott an seinem ihm zugewiesenen Platz bleibt ...*

Petrus, Jakobus und Johannes müssen dies ebenfalls versucht haben. Wie sonst lässt sich dieser Schubladen sprengende Ausflug erklären, zu dem Jesus sie mitnahm?

„Sechs Tage später nahm Jesus die drei Jünger Petrus, Jakobus und Johannes, den Bruder von Jakobus, mit sich und führte sie auf einen hohen Berg. Sonst war niemand bei ihnen. Vor den Augen der Jünger ging mit Jesus eine Verwandlung vor sich: Sein Gesicht leuchtete wie die Sonne und seine Kleider wurden strahlend weiß. Und dann sahen sie auf einmal Mose und Elija bei Jesus stehen und mit ihm reden. Da sagte Petrus zu Jesus: ‚Wie gut, dass wir hier sind, Herr! Wenn du willst, schlage ich hier drei Zelte auf, eins für dich, eins für Mose und eins für Elija.' Während er noch redete, erschien eine leuchtende Wolke über ihnen, und eine Stimme aus der Wolke sagte: ‚Dies ist mein Sohn, ihm gilt meine Liebe, ihn habe ich erwählt. Auf ihn sollt ihr hören!' Als die Jünger diese Worte hörten, warfen sie sich voller Angst nieder, das Gesicht zur Erde. Aber Jesus trat zu ihnen, berührte sie und sagte: ‚Steht auf, habt keine Angst!' Als sie aufblickten, sahen sie nur noch Jesus allein" (Matthäus 17,1–8).

Die Höhepunkte der Bibel scheinen sich immer auch auf hochgelegenen Schauplätzen dieser Erde abzuspielen. Abraham sollte Isaak auf dem Berg Moriah opfern. Mose sah den brennenden Dornbusch am Berg Sinai. Elija wurde auf dem Berg Horeb in den Himmel aufgenommen. Jesus erlöste die Menschheit auf einem Hügel namens Golgatha. Und er ließ seine Jünger auf dem Berg Hermon hinter die Kulissen schauen.

Man weiß es zwar nicht genau, aber die meisten Historiker platzieren dieses Ereignis auf dem über dreitausend Meter hohen Berg Hermon. Er erhebt sich im Norden Israels, und man kann ihn sogar vom Toten Meer aus noch sehen, das 160 Kilometer entfernt ist. Dieser schneebedeckte Riese war der perfekte Ort, um sich dorthin mit Petrus, Jakobus und Johannes zurückzuziehen. Weit entfernt von der lärmenden Menge und den ewigen Diskussionen hatte Jesus die ungeteilte Aufmerksamkeit seiner drei engsten

Freunde. Gemeinsam konnten sie den Ausblick über den türkisfarbenen See Genezareth und die weite Ebene mit den sanften Hügeln der Weinberge genießen.

Und hier konnten sie beten. „[Jesus] nahm […] Petrus, Johannes und Jakobus mit sich und stieg auf einen Berg, um zu beten“ (Lukas 9,28). Jesus brauchte Kraft, denn es waren nur noch wenige Monate bis zur Kreuzigung. Die Speerspitzen der Soldaten und der Spott der Menschen hingen schon wie ein Damoklesschwert über ihm. Er brauchte Kraft, um all diesen Dingen ins Auge zu schauen, und er wollte, dass seine Jünger wussten, woher er diese Kraft nahm.

Doch während sie beteten, verwandelte sich der sanftmütige Zimmermann, der Matzen und Lammfleisch aß und mit galiläischem Akzent sprach, plötzlich in eine kosmische Lichtgestalt. „Vor den Augen der Jünger ging mit Jesus eine Verwandlung vor sich: Sein Gesicht leuchtete wie die Sonne und seine Kleider wurden strahlend weiß“ (Matthäus 17,2).

Licht strömte aus ihm heraus. Strahlend. Blendend hell. Es explodierte förmlich aus jeder Pore seines Körpers und aus jedem Faden seines Gewandes. Jesus brannte regelrecht. Ihm ins Gesicht zu schauen war, als sähe man geradewegs auf den hellsten Stern am Himmel. Markus lässt seine Leser wissen: „Seine Kleider strahlten in einem Weiß, wie es niemand durch Waschen oder Bleichen hervorbringen kann“ (Markus 9,3).

Dieses strahlende Weiß war nicht das Werk einer Wäscherei, es war die Gegenwart Gottes. In der Bibel wird Gott immer wieder mit Licht und Licht wiederum mit Heiligkeit in Verbindung gebracht. „Gott ist Licht, in ihm gibt es keine Spur von Finsternis“ (1. Johannes 1,5). Er wohnt in „einem unzugänglichen Licht“ (1. Timotheus 6,16). Der verklärte Jesus ist also Jesus in seiner reinsten Form.

Es ist auch der Christus in seiner wahren Form, so wie er vor Bethlehem und nach der Auferstehung war. Kein

„blasser Galiläer, sondern ein gewaltiges und nicht zu beherrschendes Wesen“[1]. Er ist „einer, der heilig ist, unschuldig, makellos, abgesondert von den Sündern und erhöht über die Himmel“ (Hebräer 7,26; EÜ). Ein vollkommener Diamant, eine makellose Rose, ein perfekt gesungenes Lied und ein Gedicht mit fehlerlosem Reim.

Im Bruchteil einer Sekunde waren Petrus, Jakobus und Johannes dagegen nur noch Mücken im Schatten eines Adlers. Sie hatten Jesus noch nie zuvor so gesehen. Auf dem Wasser gehen, Brot vermehren, den Sturm stillen, Dämonen austreiben, Tote auferwecken, ja, das kannten sie. Aber eine lebendige Fackel? Und dabei war das erst der Anfang.

Dann kamen noch zwei Gäste: Mose und Elija. Der Überbringer des Gesetzes und der oberste der Propheten traten durch den hauchdünnen Vorhang zwischen dieser Erde und dem Jenseits. „Sie erschienen in himmlischem Glanz und sprachen mit ihm über das Ende, das er nach Gottes Plan in Jerusalem nehmen sollte“ (Lukas 9,31).

Mose und Elija waren für die Juden das, was für die Amerikaner George Washington und Abraham Lincoln sind. Ihre Bilder hingen gleich am Eingang der jüdischen Ahnengalerie. Und jetzt standen sie da, eine Erhörung von Jesu Gebet. Erwartet man da nicht irgendwie, dass Petrus, Jakobus und Johannes ihre Frage vom See Genezareth wiederholen: „Wer ist dieser Mann?“ (Matthäus 8,27; NL)? Wer ist dieser Mann, dass der Verwalter des Gesetzes und der Lehrer aller Propheten auf sein Gebet antworten?

Jetzt räusperte Petrus sich und meldete sich zu Wort. Aus Feuer wird Fettnapf. „Wie gut, dass wir hier sind, Herr! Wenn du willst, schlage ich hier drei Zelte auf, eins für dich, eins für Mose und eins für Elija“ (Matthäus 17,4).

Diese Worte mögen uns harmlos erscheinen; manche finden das vielleicht sogar gut. Wir errichten gerne Denkmäler oder Gedenktafeln für wichtige Augenblicke der Geschichte. Petrus ist der Ansicht, dass zu diesem Anlass ein besonderes Bauprojekt angesagt ist, und meldet sich freiwillig als Leiter für den Bauausschuss. Gute Idee, nicht wahr?

Aber Gott sah das anders. Petrus' Vorschlag, drei Zelte zu errichten, war so daneben und so unangemessen, dass Gott ihn gar nicht erst ausreden ließ. „Noch während er redete, warf eine leuchtende Wolke ihren Schatten auf sie, und aus der Wolke rief eine Stimme: ‚Das ist mein geliebter Sohn, an dem ich Gefallen gefunden habe; auf ihn sollt ihr hören'" (Vers 5).

„Geliebt" bedeutet „kostbar", „einzigartig". Keiner ist wie Christus. Nicht Mose, nicht Elija, nicht Petrus, auch nicht Zarathustra, Buddha oder Mohammed. Niemand im Himmel und auf der Erde. Jesus ist nicht „ein Sohn", verkündete der Vater, und auch nicht „der beste aller Söhne", sondern der „geliebte Sohn".

Das war Petrus entgangen. Er hatte Christus in eine große Schublade gesteckt, auf der stand: „Außergewöhnliche Menschen, die Geschichte machten". Er wollte Jesus *und* Mose *und* Elija die gleiche Ehre erweisen. Das ließ Gott aber nicht zu. Jesus hat kein gleichwertiges Gegenüber. Es hätte nur ein Heiligtum errichtet werden sollen, weil nur einem von denen, die sich auf dem Berg aufhielten, diese Ehre gebührte.

Petrus, Jakobus und Johannes sagten nichts mehr. Kein Wort mehr über Bauprojekte. Kein Ton über Basilikas, Heiligtümer, Gedenkstätten oder andere Gebäude. Sie fühlten sich wie Meeresforscher im Marianengraben oder Astronauten bei der Mondlandung. Sie sahen, was noch nie ein Mensch zuvor gesehen hatte: Christus in seiner ganzen Größe. In solchen Augenblicken versagen alle Worte. Das Blut wich ihnen aus dem Gesicht, sie waren aschfahl, ihre Knie zitterten und ihr Herz raste. Sie „warfen ... sich voller Angst nieder, das Gesicht zur Erde" (Vers 6).

Aus Feuer wurde Furcht. Eine heilige, gesunde Furcht.

Petrus, Jakobus und Johannes erlebten eine stärkende Furcht, eine Ehrfurcht vor dem einzig wahren Gott, die sie stark machte. Sie begegneten demjenigen, der die Sterne am Himmel ausstreute wie Diamanten auf ein Samtkissen, der Propheten in Feuerwagen entführte und den Pharao im Roten Meer versinken ließ.

Sie waren zutiefst erschüttert darüber, dass Gott gleichzeitig überall und hier bei ihnen war. Der bloße Anblick dieses strahlenden Galiläers nahm ihnen den Atem und das letzte bisschen Stolz, sodass sie nur noch mit der Nase im Staub liegen konnten. Eine angemessene Haltung. „Als die Jünger diese Worte hörten, warfen sie sich voller Angst nieder, das Gesicht zur Erde" (Vers 6).

Das ist Gottesfurcht. Die meisten unserer Ängste sind schädlich. Sie bringen uns um den Schlaf und rauben uns den Frieden. Aber diese Furcht ist anders. „Aus biblischer Sicht ist an der Furcht Gottes nichts Krankhaftes. Es ist eher krankhaft, ihn *nicht* zu fürchten oder sich vor den falschen Dingen zu fürchten. Deshalb hat Gott beschlossen, sich uns zu zeigen, damit wir nicht mehr vor den falschen Dingen Angst haben müssen. Wenn Gott sich uns ganz offenbart hat und wir es ‚begriffen' haben, dann erleben wir die Verwandlung unserer Angst. [...] Die ‚Furcht Gottes' ist die zutiefst gesunde Erkenntnis, dass wir nicht Gott sind."[2]

Wie lange ist es her, dass Sie zum letzten Mal diese Furcht verspürt haben? Wann hat zum letzten Mal ein ganz neues Verständnis davon, wer Jesus ist, Ihre Knie zum Zittern gebracht und Ihnen den Atem geraubt? Wann hat der Blick auf ihn Sie zuletzt sprach- und atemlos gemacht? Wenn es schon eine Weile her ist, dann erklärt das Ihre Ängste.

Wenn unser Christus groß ist, sind unsere Ängste klein.

Je größer unser ehrfürchtiges Staunen über Jesus, desto kleiner die Angst vor dem Leben. Großer Gott – großer Mut. Kleiner Gott – kein Mut. Ein schwächlicher, kümmerlicher, leidenschaftsloser Jesus hat keine Macht über Krebszellen, Korruption, Datenmissbrauch, den Einbruch von Aktienkursen, internationale Katastrophen. Ein Jesus, der in eine Schublade gesteckt werden kann, mag praktisch sein, weil er in die Handtasche oder aufs Bücherregal passt, aber gegen Ihre Ängste kann er nichts ausrichten.

Das war wahrscheinlich auch der Grund, weshalb Jesus die Jünger mit auf den Berg nahm. Er sah, in welche Schublade sie ihn gesteckt hatten. Und er sah, was sie erwartete: dass Petrus ihn verleugnen würde, dass sie in Jerusalem und Rom ins Gefängnis kommen würden, die Bedürfnisse der Gemeinde und die Verfolgung unter Nero. Ein Schubladen-Gott würde dem einfach nicht standhalten. Also sprengte Jesus den Rahmen ihrer Vorstellungen von ihm.

Möge er auch den Rahmen unserer Vorstellung von ihm sprengen.

Müssen wir den verklärten Jesus nicht ebenfalls kennenlernen? Den, der heiliges Feuer speit? Der mit historischen Persönlichkeiten verkehrt und sie herbeizitieren kann? Der den höchsten Platz einnimmt und die einzig wahre Krone im ganzen Universum trägt – Gottes geliebter Sohn? Denjenigen, der seine Freunde auf die Spitze des Hermon mitnimmt, damit sie in den Himmel spitzeln können?

Steigen Sie hinauf. Schauen Sie lange und sehnsüchtig ins Feuer, auf den Heiligen, den Höchsten, den Einzigen. Wenn Sie das tun, werden all Ihre Ängste – mit Ausnahme der Furcht Gottes selbst – dahinschmelzen wie Eiswürfel in der Sommersonne. Sie werden David zustimmen, der sagte: „Der Herr ist mein Licht, er befreit mich und hilft mir; darum habe ich keine Angst“ (Psalm 27,1).

Im Buch „Prinz Kaspian von Narnia“ sieht Lucy den Löwen Aslan zum ersten Mal seit vielen Jahren wieder. Er hat sich seit ihrer letzten Begegnung verändert. Sie ist überrascht von seiner Größe und sagt ihm das auch.

„Aslan', sagte Lucy, ‚du bist größer geworden.'

‚Das kommt dir nur so vor, weil du älter bist, mein Kleines', antwortete er.

‚Nicht, weil du größer bist?'

‚Das bin ich nicht. Aber du wirst mich mit jedem Jahr, das du älter wirst, größer finden.'"[3]

Und so ist es auch mit Jesus. Je länger wir in ihm leben, umso größer wird er in uns. Nicht er verändert sich, sondern wir uns. Wir erkennen ihn immer mehr. Wir entdecken Dimensionen, Seiten und Eigenschaften an ihm, die uns nie zuvor aufgefallen waren. Wir entdecken immer mehr von seiner erstaunlichen Reinheit, seiner Macht und seiner Einzigartigkeit. Wir werfen die alten Schubladen und Bilder von Jesus weg wie gebrauchte Taschentücher. Wir wagen es nicht, Jesus vor einen politischen Karren zu spannen. Aus überheblicher Gewissheit wird demütige Neugier. Jesus durch einen Lehrsatz definieren oder ihn zu einer Wahlmöglichkeit reduzieren? Kommt nicht infrage! Eher fängt man die Karibik mit einem Schmetterlingsnetz, als dass man Jesus in eine Schublade quetscht.

Letzten Endes werden wir so wie die Apostel reagieren. Wir werden auch niederfallen, mit der Nase im Staub, und ihn anbeten. Und dann berührt uns der Zimmermann mit einer Zunge aus Feuer und sagt: „Steht auf, habt keine Angst!" (Matthäus 17,7).

Ich habe so eine Ahnung, dass Petrus, Jakobus und Johannes mit Sonnenbrand auf dem Rücken, einem Lächeln im Gesicht und mit federndem Schritt vom Berg herunterkamen, wenn sie nicht sogar daherstolziert sind. Wer konnte ihnen mit diesem Messias an ihrer Seite schon etwas anhaben?

Und ich habe noch so eine Ahnung: Das Feuer auf dem Hermon brennt immer noch und es ist genügend Platz für weitere Gäste.

Schlussbemerkungen

Williams Psalm

Um 20:17 Uhr am Abend des 3. März 1943 heulten über London die Sirenen und warnten die Bevölkerung vor einem Bombenangriff. Arbeiter und Einkäufer blieben auf den Gehwegen stehen und blickten zum Himmel hinauf. Busse hielten an und ließen alle Passagiere aussteigen. Autofahrer stoppten ihren Wagen mit quietschenden Reifen und stiegen aus. In der Ferne hörte man Schüsse. Von den nahegelegenen Luftabwehr-Stützpunkten wurden Raketen abgefeuert. Die Menschen auf den Straßen fingen an zu schreien. Einige warfen sich auf den Boden. Andere hielten sich die Arme über den Kopf und riefen: „Gleich fallen sie!" Alle sahen nach oben und hielten Ausschau nach feindlichen Flugzeugen. Die Tatsache, dass sie keine sahen, konnte ihre Hysterie auch nicht verhindern.

Die Menschen rannten zur U-Bahn-Station *Bethnal Green*, in der schon über fünfhundert Bewohner der Stadt Zuflucht gesucht hatten. Innerhalb der nächsten zehn Minuten sollten noch eintausendfünfhundert weitere dazukommen.

Als ein ganzer Schwung Menschen auf der Suche nach Unterschlupf gleichzeitig den Treppenabgang erreichte, nahm das Unglück seinen Lauf: Eine Frau mit einem Baby auf dem Arm stolperte auf einer der neunzehn unebenen Stufen, die von der Straße nach unten führten. Das unterbrach den Strom der Menschen und löste einen Dominoeffekt aus, sodass noch andere über sie stolperten. Innerhalb von Sekunden lagen Hunderte verängstigter Menschen unter- und übereinander, wie ein Haufen dreckiger Wäsche in einem Korb. Es wurde noch schlimmer, als diejenigen, die später kamen, dachten, man wolle sie nicht hineinlassen, und anfingen zu schieben und zu drücken. Das Durcheinander dauerte nicht einmal eine Viertelstunde, aber es wurde Mitternacht, bis man das Menschengewirr wieder entwirrt hatte. An diesem Abend starben einhundertdreiundsiebzig Männer, Frauen und Kinder.

Keine einzige Bombe war gefallen.

Kein Bombenhagel tötete die Menschen, sondern ihre eigene Angst.[1]

Die Angst liebt die Massenflucht. Wilde Panik, unbegründete Unruhe und schlaflose Nächte sind ihr Lohn. Und in letzter Zeit lebt die Angst nicht schlecht davon.

Hier ein kleiner Test: Wie weit müssen Sie gehen, um daran erinnert zu werden, dass Sie „Grund“ haben, sich vor etwas zu fürchten? Wo hängt der nächste „Du hast ein Problem“-Zettel? Ist es die Titelseite Ihrer Tageszeitung? Oder der Einschaltknopf am Radio? Oder ein Klick im Internet? Wenn wir den Medien Glauben schenken dürfen, dann ist diese Welt ein furchterregender Ort.

Und vermutlich werden sie auch alles tun, damit es so bleibt. Angst verkauft sich nämlich gut. Die Angst fesselt die Zuschauer an den Bildschirm, die Leser an die Zeitschriften und bringt Geld ein. In den Nachrichten verwendet man besonders alarmierende Wendungen, um unsere Aufmerksamkeit zu erregen: „Die beängstigende Wahrheit über Verkehrsstaus." „Die Auswirkungen von Schokolade auf Ihre Intelligenz." „Wie Sie sich vor der Gefahr schützen." „Was Sie über Ihr Trinkwasser wissen sollten."

Frank Furedi hat einmal gezählt, wie häufig in britischen Zeitungen der Begriff „at risk" (gefährdet) verwendet wird, und nachgewiesen, dass die Medien zunehmend mit Angst arbeiten. 1994 kam der Begriff 2.037-mal vor. Ende des darauffolgenden Jahres hatte sich die Zahl verdoppelt und 1996 war sie noch einmal um die Hälfte gestiegen. 2000 wurde das Wort mehr als 18.000-mal abgedruckt.[2] Mal ehrlich: Ist diese Welt innerhalb von sechs Jahren neunmal so gefährlich geworden? Wir werden regelrecht mit schlechten Nachrichten bombardiert: globale Erwärmung, SARS, Völkermorde, Kriege, Erdbeben, Tsunamis, AIDS, Schweinegrippe ... Hört das denn nie auf? Und die schlechten Nachrichten fordern ihren Tribut. Wir sind die ängstlichste Generation, die je gelebt hat. Zum ersten Mal seit Ende des Zweiten Weltkrieges erwarten die Eltern, dass das Leben für ihre Kinder schlechter wird als für sie selbst.[3]

Obwohl die durchschnittliche Lebenserwartung immer weiter steigt und die medizinische Forschung boomt wie nie zuvor, könnte man meinen, die Beulenpest grassiere. Der Berichterstatter Bob Garfield hat in amerikanischen Zeitungen und Zeitschriften einmal Artikel zum Thema „Gesundheit" verfolgt und festgestellt, dass

- 59 Millionen Amerikaner an Herzerkrankungen leiden,
- 53 Millionen Amerikaner Migräne haben,
- 25 Millionen Amerikaner unter Osteoporose leiden und
- 16 Millionen an Übergewicht,
- 3 Millionen Krebs haben,
- 2 Millionen an schweren Hirnleistungsstörungen leiden.

Nachweislich halten sich fünfhundertdreiundvierzig Millionen Amerikaner für ernsthaft krank. Das ist eine beunruhigende Zahl, wenn man bedenkt, dass das Land bloß zweihundertsechsundsechzig Millionen Einwohner hat. Garfield stellte fest: „Entweder ist unser Land dem Untergang geweiht oder jemand übertreibt ein bisschen."[4]

Da draußen herrscht Panik, und wir sollten aufpassen, dass wir nicht davon angesteckt werden. Lassen Sie uns ruhig bleiben. Wir sollten Gefahren erkennen, uns aber nicht davon überwältigen lassen. Wir sollten Bedrohungen erkennen, uns aber nicht davon bestimmen lassen. Sollen die anderen ruhig die von Angst verpestete Luft einatmen – wir machen nicht mit. Wir sollten zu denen gehören, die auf eine andere Stimme hören – Gottes Stimme. Es reicht mit diesen Verzweiflungsschreien und dem Weltuntergangsgeheul. Warum sollten wir auf die Schwarzseher an der *Wall Street* oder die Miesmacher in der Zeitung hören? Wir werden unsere Ohren auf etwas anderes ausrichten: nach oben. Wir werden uns an unseren Schöpfer wenden, und weil wir das tun, brauchen wir keine Angst haben.

Mut bricht nicht in Panik aus, er betet. Mut jammert nicht, er glaubt. Mut ermattet nicht, er hört. Er hört auf die Stimme Gottes, die uns durch die Bibel zuruft: „Fürchte dich nicht!" Der Mut hört die Stimme Jesu auf dem Krankenhausflur, auf dem Friedhof und auf dem Schlachtfeld rufen:

„Mein Kind, fasse Mut! Deine Schuld ist vergeben" (Matthäus 9,2).

„Fasst Mut! Ich bin's, fürchtet euch nicht!" (Matthäus 14,27).

„Wenn ihr von Kriegen und Unruhen hört, achtet darauf, aber erschreckt nicht!" (Matthäus 24,6; Hfa).

„Erschreckt nicht, habt keine Angst!" (Johannes 14,1).

„Erschreckt nicht, habt keine Angst!" (Johannes 14,27).

„Habt keine Angst: Ihr seid Gott mehr wert als ein ganzer Schwarm Spatzen!" (Lukas 12,7).

„Fürchtet euch nicht!" (Lukas 12,7; EÜ).

Lassen Sie uns dem verblüffenden Beispiel von William Fariss folgen, der als Siebenjähriger mit ansehen musste, wie sein Elternhaus in Flammen aufging. William war der Sohn von Bibelübersetzern in Westafrika. Er war ein intelligenter Junge mit einem unersättlichen Interesse an Dinosauriern und anderen Tieren. Er lebte mit seiner Familie in einem Haus mit Blechdach, welches wiederum mit Stroh gedeckt war.

Eines Tages waren durch den Wind Funken von einem Feuer auf ihr Dach übergesprungen und hatten das Strohdach in Brand gesetzt. Die Familie versuchte noch, das Haus zu retten, hatte aber aufgrund der herrschenden Trockenheit und der Hitze Afrikas keine Chance. Als sie zusehen mussten, wie das Feuer ihr Haus in Schutt und Asche legte, hörte Williams Mutter, wie er betete. Es hörte sich fast wie ein Psalm an, und als sie ihn das gleiche Gebet einige Tage später noch einmal beten hörte, schrieb sie die Worte auf.

„In Wind und Regen,
in Feuer und Lava
wird der Herr dich niemals verlassen.
Im Erdbeben und im Wasser,
in der Flut und in glühender Asche
wird der Herr dich niemals verlassen.
Wenn du ihn liebst, wird er dich segnen
und dir viele Dinge geben.

Wer kann den Herrn aufhalten?
Wer kann den Geparden über die Steppe Afrikas jagen?
Der Herr, er kann es.
Wer kann auf dem Mount Everest stehen?
Wer kann dem Nashorn ins Auge schauen?
Der Herr.
Der Herr kann dir Schafe und Ziegen und Kühe
und Enten und Hühner
und Hunde und Katzen geben.
Der Herr kann dir alles geben, was er will.

Wer kann den Herrn aufhalten?
Wer kann dem Elefanten ins Auge schauen?
Wer hat den Mut, dem Löwen gegenüberzutreten?
Der Herr.
Wer ist so schnell wie ein Pferd?
Wer fängt den Blauwal?
Wer hat den Mut, der Riesenkrake ins Auge zu schauen?
Der Herr.
Wie Jesus am Kreuz starb, so hat es auch der Herr getan.
Der Herr wird sein Volk nie verlassen.
Die Bibel ist sein Wort.
Der Herr ist ein guter Führer.

Der Herr, der dich liebt,
wird sein Volk nicht im Stich lassen.
Ende."[5]

Obwohl sie vom Feuer bedroht waren, konnte der Junge Gott in dem Feuer sehen. William vertraute Gott und hatte deshalb keine Angst. Das können wir auch.

Amen, William, amen.

Gesprächsleitfaden

Die nachfolgenden Fragen können sowohl für Gruppengespräche genutzt werden als auch vom einzelnen Leser. Sie helfen dabei, die in diesem Buch dargestellten Prinzipien zu vertiefen. Jede Lektion besteht aus drei Teilen:

- *Die Angst unter die Lupe nehmen:* Hier werden Schlüsselstellen jedes Kapitels noch einmal wiederholt. Dazu gibt es Fragen, die sich mit den zitierten Stellen auseinandersetzen.
- *Die Angst aufdecken:* Dieser Teil beschäftigt sich mit ausgewählten Bibelstellen zum Thema.
- *Die Angst überwinden:* Hier werden ein oder zwei Vorschläge gemacht, wie man den Inhalt des jeweiligen Kapitels praktisch anwenden könnte.

Kapitel 1

Warum haben wir Angst?

Die Angst unter die Lupe nehmen

1. *„Stellen Sie sich vor, Sie könnten ein Leben führen, das frei ist von Angst. Was wäre, wenn Sie auf Bedrohungen grundsätzlich mit Glauben statt mit Angst reagieren würden? Was wäre, wenn Sie einen Angst-Magneten besäßen, mit dem Sie auch den letzten Rest Angst, Unsicherheit und Zweifel aus Ihrem Herzen ziehen könnten? Stellen Sie sich einen Tag vor, nur einen einzigen Tag, ohne sich davor zu fürchten, zu versagen, abgelehnt zu werden, oder die Angst vor Unheil. Können Sie sich ein Leben ohne Angst vorstellen?"*
   a. Versuchen Sie, diese Frage zu beantworten. Was wäre in Ihrem Leben anders, wenn alle Angst ausgelöscht wäre?
   b. Wozu neigen Sie mehr: Angst vor Versagen, vor Ablehnung oder vor Unheil? Was sagt das über Sie aus?

2. *„Wer mit Jesus zusammen ins Boot steigt, kann auch mit Jesus zusammen nass werden. Jesu Jünger müssen mit rauer See und starkem Gegenwind rechnen."*
   a. Warum wird derjenige, der mit Jesus zusammen ins Boot steigt, auch mit Jesus zusammen nass? Warum kann man nicht einfach bei strahlend blauem Himmel segeln?
   b. Warum rechnen so viele Christen nicht mit rauer See und starkem Gegenwind? Was passiert häufig, wenn sie sich dann solchen Bedingungen gegenübersehen? Welchen Rat würden Sie einer solchen Person geben?

3. *„Die Angst nagt an unserem Vertrauen in Gottes Güte. Wir beginnen, uns langsam zu fragen, ob Gott tatsächlich so gut ist, wie er zu sein behauptet."*
   a. Warum nagt die Angst an unserem Vertrauen in Gottes Güte? Ist das bei Ihnen schon vorgekommen?
   b. Wann haben Sie sich das letzte Mal gefragt, ob Gott tatsächlich so gut ist, wie er zu sein behauptet? Beschreiben Sie die Situation.

4. *„Wer von Angst erfüllt ist, kann nicht von ganzem Herzen lieben. Liebe ist riskant. Sie können nicht großzügig geben, denn wer großzügig ist, hat keine Garantie, etwas zurückzubekommen. Die Ängstlichen haben keine großen Träume, denn was wäre, wenn sie wie Seifenblasen zerplatzen würden? Wer die Sicherheit anbetet, entmannt die Größe."*
   a. Warum macht es uns die Angst so schwer zu lieben? Warum macht es uns die Angst so schwer, großzügig zu geben? Warum hindert die Angst uns daran zu träumen?
   b. Haben Sie schon einmal die Sicherheit angebetet? Wenn ja, was hat Sie dazu veranlasst? Inwiefern

„entmannt“ die Angst die Größe? Hat die Angst Sie schon einmal daran gehindert, etwas Großes anzustreben?

5. *„Sein am häufigsten genanntes Gebot gehört in die ‚Fürchtet euch nicht‘-Kategorie.“*
   a. Warum hat Jesus dieses Gebot am häufigsten genannt? Was sagt Ihnen das über unsere menschliche Natur?
   b. Wie können Sie aufhören, sich zu fürchten? Was nimmt Ihnen das Gefühl der Angst?

Die Angst aufdecken

1. Lesen Sie Matthäus 8,23–27.
   a. Welchen Zusammenhang zwischen Angst und Glaube stellt Jesus in Vers 26 her?
   b. Was sagen Sie zu folgender Aussage: „Wenn Jesus in Ihrem Boot ist, haben Sie nichts zu befürchten, ganz gleich, ob er hellwach oder fest eingeschlafen zu sein scheint.“

2. Lesen Sie Johannes 16,33.
   a. Welches Versprechen gibt Jesus hier, was das Leben auf dieser Welt angeht?
   b. Was bietet Jesus seinen Nachfolgern an? Worauf basiert dieses Angebot?

3. Lesen Sie 2. Timotheus 1,7.
   a. Welchen Geist hat Gott seinen Kindern nicht gegeben? Was sagt das über die Ursache unserer Ängste aus?
   b. Welchen Geist hat Gott seinen Kinder gegeben? Was heißt das für uns, wenn uns die Angst packt?

Die Angst überwinden

1. Analysieren Sie, wovor Sie sich in der vergangenen Woche gefürchtet haben. Worum ging es dabei jeweils? Wodurch wurden diese Ängste ausgelöst? Was haben Sie damit gemacht? In welcher Weise haben Sie Gott mit einbezogen, um Ihren Ängsten zu begegnen? Welche Verhaltensmuster können Sie erkennen?
2. Denken Sie eine Woche lang über 2. Timotheus 1,7 nach. Sagen Sie sich den Vers so oft wie möglich im Stillen vor (in einer Übersetzung Ihrer Wahl).

Kapitel 2

Die Bewohner von Stelzendorf

Die Angst vor der Bedeutungslosigkeit

Die Angst unter die Lupe nehmen

1. *„Sind wir bedeutend? Wir haben Angst, es nicht zu sein. Wir fürchten uns vor der Nichtigkeit, der Bedeutungslosigkeit. Wir haben Angst, uns einfach in nichts aufzulösen."*
   a. Befürchten Sie manchmal, dass Gott nichts an Ihnen liegt?
   b. Was unternehmen Sie gegen das Gefühl der Bedeutungslosigkeit?

2. *„Wenn man jemand Wichtiges kennt, ist man selbst auch wichtig. Stimmt's?"*
   a. Wann sind Sie am meisten versucht, zu erwähnen, dass Sie eine berühmte Persönlichkeit kennen, nur um sich selbst wichtig zu fühlen?
   b. Warum fühlen Sie sich langfristig nicht besser, wenn Sie versuchen, jemand Besonderes zu sein, indem Sie besondere Menschen kennenlernen?

3. *„Als die Kinder im chinesischen Waisenhaus beim Lesen zu verstehen begannen, dass sie einmalig waren, und das allein aus dem Grund, weil ein liebender Schöpfer sie gemacht hatte, fingen alle an zu weinen – sogar die Lehrer! Alle waren sehr, sehr bewegt."*
   a. Was bedeutet für Sie der Gedanke, dass Sie von einem liebenden Gott erschaffen wurden? Gibt Ihnen das das Gefühl, jemand Besonderes zu sein?
   b. In der Bibel heißt es, dass Sie nach dem Ebenbild Gottes erschaffen wurden. Was bedeutet Ihnen das? Wenn Sie nicht nach Gottes Ebenbild erschaffen wären, würden Sie sich dann anders verhalten?

4. *„Die Angst davor, eine ganz große Null zu sein, wird zu einer sich selbst erfüllenden Prophezeiung, die schließlich Ihr Leben ruiniert."*
   a. Wann sind Sie am ehesten versucht, zu glauben, dass Sie eine ganz große Null sind? Beschreiben Sie das letzte Mal, als Sie sich so fühlten.
   b. Inwiefern kann die Angst davor, eine ganz große Null zu sein, für Sie zu einer sich selbst erfüllenden Prophezeiung werden? Wird es Ihr Leben zerstören? Was können Sie dagegen unternehmen?

5. *„‚Ihr seid auch ohne Stelzen wichtig', hatte er den Bewohnern erklärt. ‚Glaubt mir, es ist besser, mit beiden Beinen auf dem Boden zu bleiben.'"*
   a. Glauben Sie, dass Sie auch so wichtig sind? Inwiefern?
   b. Was ist hier mit der Wendung „mit beiden Beinen auf dem Boden bleiben" gemeint? Was könnte das für Sie bedeuten?

Die Angst aufdecken

1. Lesen Sie Lukas 12,4–7.
   a. Vor wem sollen wir uns nicht fürchten? Warum nicht?
   b. Wen sollen wir fürchten? Welche Art von Furcht ist hier gemeint?
   c. Welche Gründe führt Jesus hier an, nicht der Angst zu erliegen (Vers 7)?

2. Lesen Sie Psalm 139,14–18 und 23–24.
   a. Welche Gedanken hat Gott über Sie? Wie viele Gedanken denkt er über Sie?
   b. Inwiefern geben die Verse 14–18 dem Psalmisten das Vertrauen, seine Bitte in Vers 23 und 24 zu äußern?

3. Lesen Sie Epheser 2,10.
   a. Wozu hat Gott uns erschaffen? Warum sollte uns das zuversichtlich machen?
   b. Warum dürfen wir zuversichtlich sein, dass wir Gottes guten Plan für uns entdecken werden?

Die Angst überwinden

1. Denken Sie über die Kreuzigung Jesu nach. Was sagt Ihnen das Kreuz darüber, wie wichtig Sie Gott sind?
2. Stellen Sie sich einmal vor, wie das Leben aussehen würde, wenn wir Menschen Gott gleichgültig wären. Was glauben Sie: Was wäre anders?

Kapitel 3

„Gott ist sauer auf mich“

Die Angst, Gott zu enttäuschen

Die Angst unter die Lupe nehmen

1. *„Erinnerungen an Fehlpässe verblassen nur sehr langsam. Sie wecken in uns verborgene Ängste, nämlich die Angst, andere enttäuscht, das Team im Stich gelassen und versagt zu haben. Es ist die Angst, dass wir, als wir gebraucht wurden, nicht zur Stelle waren und dass andere durch unsere Ungeschicklichkeit zu Schaden gekommen sind.“*
   a. Welche Erinnerung an einen „Fehlpass“ verfolgt Sie am meisten?
   b. Wie reagieren Sie normalerweise, wenn Ihnen solche Gedanken kommen? Hängen Sie ihnen nach? Brüten Sie darüber? Beten Sie darüber? Versuchen Sie sie zu vergessen?

2. *„Sollte unser Mut mit der Vergebung unserer Schuld beginnen?“*
   a. Inwiefern stellt Sünde für Gott eine Enttäuschung dar?
   b. Warum sollte der Mut mit der Vergebung der Schuld beginnen? Was schürt oft einen Mangel an Mut?

3. *„Adam und Eva haben genau das getan, was alle ängstlichen Menschen tun: Sie rannten um ihr Leben.“*
   a. Wenn Sie das Gefühl haben, dass Sie Gott enttäuscht haben – in welcher Form rennen Sie dann um Ihr Leben, wenn die Angst Sie packt?
   b. Was wäre besser, als um Ihr Leben zu rennen, wenn die Angst Sie packt? Warum?

4. *„Gott führt nicht Buch über unsere Fehltritte. Seine Liebe vertreibt die Angst, weil sie unsere Sünde vertreibt!“*
   a. Warum führt Gott nicht Buch über unsere Fehltritte? Inwiefern hilft Ihnen das dabei, mit der Angst, Gott zu enttäuschen, fertig zu werden?
   b. Was geschieht mit Ihren Ängsten, wenn Sie sich von Gott geliebt fühlen? Was geschieht mit Ihren Ängsten, wenn Sie das Gefühl haben, weit von Gott entfernt zu sein?

5. *„Nichts fördert den Mut so sehr wie ein klares Verständnis von Gottes Gnade. Und nichts fördert die Angst so sehr wie die Unkenntnis der Gnade.“*
   a. Wie würden Sie jemandem Gnade beschreiben, der den Begriff nicht kennt? Wie würden Sie Gnade in Ihrem eigenen Leben beschreiben?
   b. Wie hat Gott Ihnen seine Gnade erwiesen? In welchem Bereich Ihres Lebens brauchen Sie Gottes Gnade im Moment am meisten?

Die Angst aufdecken

1. Lesen Sie Kolosser 1,13–14.
   a. Wovon sind die Gläubigen befreit oder errettet?
   b. Wodurch sind die Gläubigen erlöst? Was umfasst diese Erlösung?

2. Lesen Sie Johannes 3,16–18 und Vers 36.
   a. Wozu hat Gott seinen Sohn in die Welt gesandt? Wozu hat er ihn nicht gesandt?
   b. Was trifft auf diejenigen zu, die an den Sohn Gottes glauben? Was trifft auf diejenigen zu, die nicht an den Sohn Gottes glauben?

3. Lesen Sie Johannes 6,37–40.
   a. Warum ist Jesus vom Himmel auf diese Erde gekommen? Wozu ist er gekommen?
   b. Was ist Gottes Wille für diejenigen, die an seinen Sohn glauben?

Die Angst überwinden

1. Lesen Sie die biblischen Berichte folgender Personen, die sich auf eine Art und Weise verhalten haben, die Gott traurig macht: Petrus (Markus 14,27–31; Johannes 21,15–19), David (2. Samuel 11), die Frau am Jakobsbrunnen (Johannes 4,1–42). Inwiefern machen diese Berichte Ihnen Mut, wenn Sie das Gefühl haben, Gott enttäuscht zu haben?
2. Sprechen Sie mit einem hingegebenen, engagierten Christen über dieses Thema, und fragen Sie diese Person, wie sie mit dem Gefühl umgeht, Gott enttäuscht zu haben.

Kapitel 4

Not, verschwinde!

Die Angst, dass es nicht reicht

Die Angst unter die Lupe nehmen

1. *„Herr Sorg hat mehr Fragen als Antworten, mehr Arbeit als Energie und denkt oft darüber nach aufzugeben."*
   a. Inwiefern haben Sorgen mehr Fragen als Antworten? Welche Fragen kommen gewöhnlich auf?
   b. Warum denkt man dabei oft ans Aufgeben? Wann haben Ihre Sorgen Sie zuletzt dazu neigen lassen, bei einer Sache einfach aufzugeben? Was ist passiert?

2. *„Defizite und Erschöpfung markieren unseren Lebensweg. Zu wenig Zeit, Glück, Weisheit, Intelligenz. Es scheint, als mangele es uns an allem, und deshalb machen wir uns Sorgen. Aber die Sache mit dem Sorgen-Machen funktioniert nicht."*
   a. Woran mangelt es Ihnen, sodass Sie sich Sorgen machen?
   b. Warum hilft es nicht, sich über den Mangel Sorgen zu machen? Wenn es keinen Sinn hat, sich Sorgen zu machen, warum tun wir es dann?

3. *„Berechtigte Bedenken haben sich in lähmende Panik verwandelt. Ich habe die Grenze zur Angst überschritten. Ich schaue nicht mehr voraus und bereite mich vor, sondern bin stattdessen zur ‚Oh, ich Armer!'-Bruderschaft übergelaufen."*
   a. Wie würden Sie Angst beschreiben? Inwiefern unterscheidet sie sich von Sorgen? Wie anfällig sind Sie für Angst? Wovor haben Sie gewöhnlich am meisten Angst?
   b. Wie können Sie es vermeiden, zur „Oh, ich Armer!"-Bruderschaft zu gehören?

4. *„Jesus wendet sich hier nicht dagegen, dass wir uns Gedanken um Aufgaben machen, sondern vielmehr gegen eine andauernde sorgenvolle Haltung, die Gott dabei völlig außer Acht lässt."*
   a. Wo würden Sie die Grenze ziehen zwischen Sorgen und Sich-Gedanken-Machen?
   b. Woran erkennen Sie, dass Sie sich permanent Sorgen machen und Gott dabei völlig außer Acht lassen?

5. *„Direkt neben den Jüngern stand die Lösung ihres Problems – aber sie fragten ihn nicht. Sie zählten nur bis sieben und machten sich dann Sorgen."*
   a. Was glauben Sie, war der Grund dafür, dass die Jünger sich nicht sofort an Jesus gewandt haben?
   b. Was glauben Sie, ist der Grund dafür, dass wir uns nicht sofort an Jesus wenden, wenn es uns an irgend etwas fehlt?

Die Angst aufdecken

1. Lesen Sie Matthäus 6,25–34.
   a. Welche Gründe führt Jesus hier an, sich keine Sorgen zu machen?
   b. Was sollen wir tun, anstatt uns über Mangel Sorgen zu machen? Wie kann das praktisch aussehen?

2. Lesen Sie Johannes 6,1–13.
   a. Welchen Mangel erlebten die Jünger hier? Wie haben sie darauf reagiert? Welche geistliche Lektion hat Jesus sie dadurch gelehrt?
   b. Welche Bedeutung hat Vers 6 für das Verständnis des Textes? Was sagt der Text über die tatsächlichen Defizite aus, die Sie im Alltag erleben?

3. Lesen Sie Johannes 15,7 (LÜ).
   a. Was bedeutet es, „in Jesus" zu bleiben?
   b. Was bedeutet es, dass Jesu Worte in uns bleiben?
   c. Welches Versprechen gibt Jesus hier denjenigen, die seine Gebote befolgen? Welche Bedeutung bekommt das Versprechen in diesem Zusammenhang?

Die Angst überwinden

Wenn Sie Ihre Sorgen über Ihre Defizite bekämpfen und stattdessen einen tiefen inneren Frieden erleben wollen, dann versuchen Sie doch einmal mindestens eine Woche lang folgendes Rezept:

1. Zuerst beten (1. Petrus 5,7).
2. Bleiben Sie ruhig (Psalm 37,7).
3. Handeln Sie danach (Matthäus 25,14–28).
4. Erstellen Sie eine Sorgenliste (Lukas 10,41).

5. Teilen Sie Ihre Sorgen in Kategorien ein (Matthäus 6,25–27).
6. Konzentrieren Sie sich auf die Gegenwart (Matthäus 6,34; Hebräer 4,16).
7. Suchen Sie sich Verbündete im Kampf gegen die Sorgen (1. Thessalonicher 5,25).
8. Gott ist genug (Matthäus 6,28–33).

Kapitel 5

„Mein Kind ist in Gefahr!"

Die Angst, meine Kinder nicht beschützen zu können

Die Angst unter die Lupe nehmen

1. *„Die Angst vor meiner Aufgabe als Vater überrollte mich wie ein vollgeladener Lastwagen. Die Angst, das Kind zu enttäuschen, es im Stich zu lassen. Reicht das Geld? Reichen unsere Antworten? Die Windeln? Die Schränke? ... Genügend Fragen, um einen nachts wach liegen zu lassen."*
   a. Wenn Sie Kinder haben: Was bereitet Ihnen im Hinblick auf diese am meisten Sorgen?
   b. Wie gehen Sie mit Ihren Ängsten bezüglich Ihrer Kinder um?

2. *„Jesus nimmt die Sorgen von Eltern ernst."*
   a. Welche Begebenheiten in der Bibel fallen Ihnen noch ein, bei denen Jesus mit Eltern oder Kindern zu tun hatte? Wie ist er ihnen begegnet? Was sagt das über seine Einstellung zu Ihnen und Ihren Kindern aus?
   b. In welchen Bereichen im Umgang mit Ihren Kindern brauchen Sie Jesu Unterstützung gerade am meisten?

3. *„Wer seine Kinder regelmäßig an Gott abgibt, handelt klug."*
   a. Was bedeutet es, seine Kinder an Gott abzugeben? Haben Sie das schon einmal getan? Erzählen Sie.
   b. Warum ist es wichtig, seine Kinder regelmäßig an Gott abzugeben? In welchen Situationen sind Sie versucht, Ihre Kinder nicht an Gott abzugeben?

4. *„Das Gebet ist wie eine Schale, in die man seine elterlichen Sorgen gießen kann, um sie abkühlen zu lassen."*
   a. Inwiefern lässt das Gebet die Sorgen der Eltern „abkühlen"?
   b. Beschreiben Sie Ihr Gebetsleben mit Blick auf Ihre Kinder.

5. *„Auf der einen Seite blanker Horror, auf der anderen Hoffnung. Verzweiflung gegen Vertrauen. Jarus hörte zwei Stimmen und musste sich entscheiden, auf welche er hören wollte. Müssen wir das nicht alle?"*
   a. Beschreiben Sie eine Situation, in der Sie in Bezug auf Ihre Kinder gerade zwei widersprüchliche Stimmen vernehmen.
   b. Wie können Sie sich darin üben, auf die Stimme Jesu zu hören statt auf andere Stimmen, die Ihre Sorgen schüren wollen?

Die Angst aufdecken

1. Lesen Sie Lukas 8,40–56.
   a. Welche Hindernisse stellten sich Jarus in den Weg, als er Jesus um Hilfe bat?
   b. Inwiefern zeigt dieser Text, dass eine verzögerte Antwort auf ein verzweifeltes Gebet nicht notwendigerweise ein Nein bedeutet?

2. Lesen Sie Römer 8,31–32.
   a. Was verändert sich für Sie, wenn Sie wissen, dass Gott für Sie ist?
   b. Welchen Beweis führt der Apostel Paulus an, um zu zeigen, dass Gott mehr als bereit ist, Ihnen zu geben, was Sie brauchen?

3. Lesen Sie 1. Mose 22,1–18 und Hebräer 11,19.
   a. Was denken Sie darüber, dass Gott Abraham auf die Probe gestellt hat? Stellt er Sie in Bezug auf Ihre Kinder vielleicht ebenfalls gerade auf die Probe?
   b. Welche Überzeugung hat es Abraham möglich gemacht, diese schwierige Probe erfolgreich zu bestehen (Hebräer 11,19)? Haben Sie genauso viel Vertrauen in Gottes Verheißungen? Erzählen Sie.

Die Angst überwinden

Lernen Sie mindestens zwei der folgenden Verheißungen auswendig. Wiederholen Sie sie einen Monat lang täglich. Beobachten Sie, was dadurch mit Ihrer Angst um Ihre Kinder geschieht.

Verheißungen: 5. Mose 4,40; 5,29; 30,19; Psalm 37,25; Sprichwörter 20,7; Apostelgeschichte 2,38–39.

Kapitel 6

„Hilfe, ich gehe unter!"

Die Angst vor übermächtigen Herausforderungen

Die Angst unter die Lupe nehmen

1. *„Aber gerade im Sturm zeigt er sich, denn dann hat er unsere volle Aufmerksamkeit."*
   a. Welche Stürme haben Sie in Ihrem Leben schon erlebt?
   b. Erzählen Sie, in welcher Weise Sie Jesus in diesen Stürmen erlebt haben.

2. *„Wäre Jesus auf einem spiegelglatten See daherspaziert gekommen, hätte Petrus zwar Beifall geklatscht, aber ich bezweifle, dass er aus dem Boot gestiegen wäre. Stürmische Zeiten veranlassen uns zu nie da gewesenen Schritten."*
   a. Glauben Sie, Petrus wäre aus dem Boot gestiegen, wenn der See spiegelglatt gewesen wäre? Begründen Sie Ihre Antwort.
   b. Zu welchen nie da gewesenen Schritten haben stürmische Zeiten Sie schon einmal veranlasst?

3. *„Wir sollen unsere Augen nicht vor den überwältigenden Herausforderungen verschließen, vor die uns das Leben stellt, sondern wir sollen ihnen begegnen, indem wir uns Gottes ‚Leistungen' genau anschauen* [...]. *Tun Sie alles, damit Sie den Blick nicht von Jesus abwenden."*
   a. Welchen überwältigenden Herausforderungen sehen Sie sich im Augenblick gegenüber?
   b. Nennen Sie die großartigsten Dinge, die Gott im vergangenen Jahr in Ihrem Leben getan hat.
   c. Was hilft Ihnen, den Blick nicht von Jesus abzuwenden?

4. *„Nähren Sie Ihre Ängste, dann verhungert Ihr Glaube. Nähren Sie Ihren Glauben, dann verhungern Ihre Ängste."*
   a. Wie nähren Sie Ihre Ängste? Was geschieht dann mit Ihrem Glauben?
   b. Wie können Sie Ihren Glauben nähren? Was geschieht, wenn Sie das tun?
   c. Was hält Sie davon ab, Ihren Glauben zu nähren?

5. *„Jesus hätte auch Ihren Sturm schon lange stillen können. Aber er hat es nicht getan. Will er vielleicht auch Sie etwas lehren? Könnte die Lektion in etwa so lauten: ‚Was den Sturm angeht, hast du keine Wahl, was deine Ängste anbelangt, schon'?"*
   a. Hat ein Sturm in Ihrem Leben Ihre Beziehung zu Jesus schon einmal vertieft?
   b. Was ist der Sinn und Zweck solcher Stürme?

Die Angst aufdecken

1. Lesen Sie Matthäus 14,22–33.
   a. Wie oft ist in diesem Abschnitt von Angst die Rede?
   b. Wie hat Jesus auf diese Ängste reagiert?

2. Lesen Sie Matthäus 28,18–20.
   a. Was sagt Jesus in diesem Textabschnitt über seine Stellung (Vers 18)? Wie kann uns das helfen, unsere Ängste zu bekämpfen?
   b. Welches Versprechen macht uns Jesus (Vers 20)? Warum kann uns das dabei helfen, unsere Ängste zu bekämpfen?

3. Lesen Sie Römer 8,35–39.
   a. Inwiefern hilft uns die Liebe Christi, unsere Ängste zu bekämpfen?
   b. Wie können wir „als Sieger triumphieren", trotz überwältigender Umstände?

Die Angst überwinden

Wählen Sie aus der folgenden Liste einen Punkt aus, den Sie in der kommenden Woche einüben, um Ihre Ängste zu bekämpfen.

- Bibelverse auswendig lernen.
- Die Biografie einer beeindruckenden Persönlichkeit lesen.
- Über die Geschichte von Christen nachdenken, die angesichts von schwierigen Situationen an ihrem Glauben festhielten.
- Ihre ganze Hoffnung auf Jesus setzen.

Kapitel 7

„In meinem Schrank ist ein Ungeheuer!"

Die Angst vor dem Schlimmsten

Die Angst unter die Lupe nehmen

1. *„Was ist Ihre größte Angst? Die Angst zu versagen? Arbeitslosigkeit? Höhenangst? Angst, keinen Ehepartner zu finden oder die Gesundheit zu verlieren? Angst, in der Falle zu sitzen, verlassen oder vergessen zu werden?"*
   a. Beantworten Sie diese Frage für sich.
   b. Beschreiben Sie, wie Sie erfahrungsgemäß körperlich und gefühlsmäßig auf diese Ängste (und andere) reagieren.

2. *„Wie viele Menschen verbringen ihr gesamtes Leben am Rand des Schwimmbeckens und wagen es nie hineinzuspringen, weil sie übervorsichtig sind und keinen Glauben haben?* [...] *Weil sie das Schlimmste befürchten, verpassen sie das Beste im Leben."*
   a. In welchen Lebensbereichen bleiben Sie lieber am Beckenrand stehen? Warum?
   b. Wo hat Ihre Angst Sie schon einmal davon abgehalten, das Gute im Leben zu erfahren?

c. Nennen Sie einen Lebensbereich, in dem Sie gerne ins Wasser springen möchten.

3. *„Dann würde Gott seinen ganzen Hass auf die Sünde an seinem mit der Sünde aller Menschen beladenen Sohn auslassen. Und davor hatte Jesus Angst. Todesangst. Und was er angesichts seiner Angst tat, lehrt uns, was wir mit unserer tun sollten: Er betete."*
   a. Warum hasst Gott die Sünde so sehr? Warum ließ Gott seinen Zorn an seinem mit Sünde beladenen Sohn aus? Warum war Jesus mit Sünde beladen?
   b. Welche Art von Gebet wirkt am besten gegen die Angst? Wie hat uns Jesus diese Art von Gebet vorgelebt?

4. *„Als Nachfolger Jesu haben wir einen gewaltigen Vorteil: Wir wissen, dass letzten Endes alles gut ausgehen wird."*
   a. Welche schlimmsten Fälle sind Ihnen bisher im Leben begegnet? Und wie sind sie ausgegangen? Wie haben Sie Gott währenddessen erlebt?
   b. Warum wissen Nachfolger Jesu, dass letztlich alles gut ausgehen wird? Inwiefern hilft uns dieses Wissen in der Gegenwart?

5. *„Glauben wir, was die Bibel sagt? Nämlich, dass keine Tragödie letztendlich tödlich endet?"*
   a. Welche Bibelstellen zeigen Ihres Erachtens am deutlichsten, dass letztlich nichts mit dem Tod enden wird?
   b. Stimmt Ihr Verhalten mit Ihrem Glauben überein?

Die Angst aufdecken

1. Lesen Sie Markus 14,32–42.
   a. Welchem schlimmsten Fall sah sich Jesus gegenüber? Weshalb war er so traurig und voller Angst?

b. Wie ist er damit umgegangen?

2. Lesen Sie Hebräer 5,5–9.
   a. Was sagt Vers 7 über die Erfahrung Jesu auf der Erde aus?
   b. Warum musste sogar Jesus Gehorsam lernen (Vers 8)? Was sagt uns das darüber, wie wir mit unseren Ängsten umgehen sollen?

3. Lesen Sie 2. Timotheus 4,14–18.
   a. Welche widrigen Umstände haben Paulus in große Schwierigkeiten gebracht? Wie ist er damit umgegangen?
   b. Wie hat Gott auf Paulus' Schwierigkeiten reagiert? Was kann man daraus auf Gottes Reaktion auf Ihre Schwierigkeiten schließen?

Die Angst überwinden

1. Auch wenn es unangenehm ist: Stellen Sie sich Ihren Ängsten, und zwar jeder einzelnen. Was geschieht, wenn Sie sie bei Tageslicht betrachten?
2. Nehmen Sie Ihre Anbindung an eine Gemeinde einmal genau unter die Lupe. Denken Sie über die folgende Aussage nach: „*In einer gesunden Gemeinde sterben unsere Ängste ab. Wir durchbohren sie mit Bibelversen, mit Lob- und Klagepsalmen. Im Licht des Bekennens schmelzen sie dahin. Wir ertränken sie in unserer Anbetung und entscheiden uns, auf Gott zu schauen statt auf unsere Furcht.*“

Kapitel 8

Grausamer Planet Erde

Angst vor Gewalt

Die Angst unter die Lupe nehmen

1. *„Entgegen unseren Hoffnungen bleiben gute Menschen nicht immer von Gewalt verschont."*
   a. Welche Art von Gewalt haben Sie in Ihrem Leben schon erfahren?
   b. Warum glauben Sie, dass gute Menschen nicht von Grausamkeiten und Gewalt verschont bleiben?

2. *„Der die ganze Welt durch sein Wort erhält, befiehlt auch Dämonen mit einem Wort."*
   a. Warum ist es wichtig zu wissen, dass Gott die Welt durch sein Wort erhält?
   b. Wie kann Gott den Dämonen befehlen, ohne sich an ihren bösen Taten zu beteiligen?

3. *„Mut kommt nicht, wenn die Polizei ihre Präsenz in unseren Straßen verstärkt, sondern mit wachsender geistlicher Reife."*
   a. Inwiefern führt geistliche Reife zu Mut?

b. Was glauben Sie, wie viel Mut Sie haben? Was sagt das über Ihren geistlichen Reifegrad aus?

4. *„Satan kommt nicht an Sie heran – er muss zuerst an Gott vorbei."*
   a. Tröstet es Sie zu wissen, dass Satan nicht an Sie herankommt, ohne durch Gott hindurchzumüssen? Warum?
   b. Was denken Sie, warum Gott es manchmal zulässt, dass Satan an Sie herankommt? Was bezweckt Gott damit?

5. *„Das Beste des Himmels hat das Schlimmste der Hölle in Hoffnung verwandelt."*
   a. Beschreiben Sie „das Beste des Himmels" und „das Schlimmste der Hölle". Warum musste das Beste des Himmels siegen?
   b. Inwiefern hat das Beste des Himmels das Schlimmste der Hölle in Hoffnung verwandelt? Was bedeutet diese Hoffnung für Sie ganz persönlich? Erzählen Sie.

Die Angst aufdecken

1. Lesen Sie 1. Mose 50,15–21.
   a. Was hatten Josefs Brüder diesem angetan (1. Mose 37,11–28)?
   b. Wie interpretierte Josef diese grausame Tat (1. Mose 50,20)? Wie versuchte er, seinen Brüdern die Angst zu nehmen? Was lernen wir daraus?

2. Lesen Sie Daniel 3,1–29.
   a. Warum drohte man Schadrach, Meschach und Abed-Nego mit Gewalt?
   b. Wie verhielten sie sich daraufhin (siehe Verse 17 und

18)? Was passierte mit ihnen? Wie reagierte Nebukadnezzar daraufhin?

3. Lesen Sie Hebräer 11,35b–40.
   a. Von welchen Gewalttaten gegen Gläubige wird in diesem Abschnitt berichtet?
   b. Welche Verheißung half ihnen dabei, all das durchzustehen? Wie kann diese Verheißung auch uns helfen durchzuhalten?

Die Angst überwinden

Jesus hat selbst sehr unter gewalttätigen Menschen gelitten. Lernen Sie Hebräer 12, Verse 2 und 3 auswendig. Wie konnte Jesus das Kreuz ertragen? Nehmen Sie sich Zeit, um über das nachzudenken, was er getan hat, damit Sie selbst im Glauben nicht müde oder entmutigt werden.

Kapitel 9

Spielgeld

Die Angst vor dem bevorstehenden Winter

Die Angst unter die Lupe nehmen

1. *„Der Fehler des reichen Mannes war nicht, dass er vorausplante, sondern dass er bei seinen Planungen Gott nicht mit einbezog. Jesus kritisierte nicht den Wohlstand des Mannes, sondern seine Arroganz, nicht seine persönlichen Ziele, sondern dass Gott darin nicht vorkam.“*
   a. In welcher Weise schließen Sie Gott in Ihre finanzielle Planung mit ein?
   b. Was passiert mit persönlichen Zielen, wenn sie losgelöst von Gott und seiner Perspektive sind?

2. *„Die immer wiederkehrende Botschaft der Bibel lautet: Gott gehört alles. Gott teilt alles mit uns. Vertrauen Sie ihm, nicht materiellen Dingen!“*
   a. Warum ist es wichtig, sich daran zu erinnern, dass Gott alles gehört? Was passiert, wenn wir es vergessen?
   b. Woran erkennen Sie, dass Sie dem Geld mehr vertrauen als Gott? Was sind die Anzeichen dafür?

3. *„Materieller Besitz führt oft dazu, dass wir Gott ausblenden, ganz gleich, wie viel oder wenig wir besitzen. Es gibt eine klare Entwicklung von Armut zu Stolz."*
   a. Warum führen materielle Güter oft dazu, dass wir Gott ausblenden?
   b. Warum führt Wohlstand oft zu Stolz?
   c. Kann ein armer Mensch auch geldgierig sein? Warum?

4. *„Diejenigen, die sich auf Geld verlassen, sind ausgesprochen unklug. Sie machen sich selbst etwas vor und werden betrogen, fallengelassen und bitter enttäuscht."*
   a. Wie zeigt sich, dass wir uns auf das Geld verlassen? Inwiefern werden Menschen durch die Liebe zum Geld betrogen?
   b. Warum wird man immer bitter enttäuscht, wenn man sich auf Geld verlässt?

5. *„Vor allem sollten Sie die Angst vor dem bevorstehenden Winter durch den Glauben an den lebendigen Gott vertreiben. Schließlich ist es nur Spielgeld. Und wenn das Spiel zu Ende ist, landet alles wieder in der Kiste."*
   a. Wie sehr fürchten Sie den bevorstehenden Winter? Wie können Sie diese Angst ablegen?
   b. Hilft es Ihnen, wenn Sie echtes Geld nur als Spielgeld betrachten? Warum oder warum nicht?

Die Angst aufdecken

1. Lesen Sie Lukas 12,16–21.
   a. Warum hat Gott den Mann in dieser Geschichte einen Narren genannt?
   b. Was bedeutet es, bei Gott reich zu sein? Haben Sie solche Reichtümer? Erzählen Sie.

2. Lesen Sie 1. Timotheus 6,6–10 und 17–19.
   a. Welche Art von Gewinn wird in den Versen 6 bis 8 angesprochen? Wie erlangt man diesen Gewinn?
   b. Warum verurteilt Paulus das Verlangen, reich zu werden? Was ist so schlimm an der Liebe zum Geld?
   c. Welche Anweisungen gibt Paulus den Reichen (Verse 17–19)? Welche Verheißungen gibt er ihnen?

3. Lesen Sie Sprichwörter 23,4–5.
   a. Welche Haltung sollen Christen zum Reichtum haben?
   b. Warum sollten Christen nicht nach Reichtum streben?

4. Lesen Sie Markus 12,41–44.
   a. Warum ist es von Bedeutung, dass Jesus die Menschen beobachtet hat, wie sie Geld in die Opferkästen warfen? Was bedeutet das für uns?
   b. Warum hebt Jesus die Witwe so lobend hervor? Was sollen wir von ihr lernen?

Die Angst überwinden

1. Ganz gleich, wie es finanziell bei Ihnen aussieht: Spenden Sie in der kommenden Woche großzügig an eine Einzelperson oder eine Organisation, die sich für das Reich Gottes einsetzt – mehr, als Sie sich eigentlich leisten können. Schreiben Sie auf, welchen Einfluss diese Spende auf Sie und Ihren Haushalt hatte.
2. Machen Sie einen Termin mit einem Vermögensberater, um darüber nachzudenken, wie Sie das Geld, das Gott Ihnen geschenkt hat, am besten einsetzen können.

Kapitel 10

Todesangst

Die Angst vor dem Ende

Die Angst unter die Lupe nehmen

1. *„Was ist, wenn der Friedhof nicht das Revier des Sensenmannes ist, sondern das Reich des Seelenhirten, der eines Tages verkünden wird: ‚Wacht auf und jubelt, Bewohner des Staubes!' (Jesaja 26,19; ELB)?"*
   a. Wie würden Sie diese Frage für sich beantworten?
   b. Beschreiben Sie Ihre Einstellung zu Ihrem eigenen Tod.

2. *„Jesus versprach nicht nur ein Leben nach dem Tod, sondern auch noch ein weitaus besseres Leben im Hier und Jetzt."*
   a. Wie würden Sie dieses weitaus bessere Leben beschreiben, das Jesus uns versprochen hat?
   b. Wie viel von diesem weit besseren Leben erleben Sie bereits?

3. *„Jesus verband mit Beerdigungen die gleiche Hoffnung wie mit Hochzeiten. Aus seiner Sicht war der Gang auf*

den Friedhof genauso aufregend wie der Gang vor den Traualtar.“

a. Warum sollten Beerdigungen für Christen genauso mit Hoffnung verbunden sein wie Hochzeiten?
b. Können Sie von sich behaupten, dass Sie sich auf Ihren Tod freuen? Erläutern Sie Ihre Antwort.

4. *„Lassen Sie den Gedanken an die Auferstehung in jede Faser Ihres Herzens dringen und Ihr Verständnis vom Grab neu definieren.“*
   a. Inwiefern zeigt unsere Einstellung zum Tod, was wir bezüglich der Auferstehung wirklich glauben?
   b. Wie können Sie den Gedanken an die Auferstehung ganz praktisch in jede Faser Ihres Herzens dringen lassen?

5. *„Der Tod als ‚ein weiteres Abenteuer in unserer menschlichen Existenz‘. Man braucht ihn weder zu fürchten noch totzuschweigen. Weil Jesus lebt, können wir dem Tod ins Auge schauen.“*
   a. Erzählen Sie von jemandem, den Sie kennen und der den Tod fürchtet.
   b. Erzählen Sie von jemandem, von dem Sie wissen, dass er den Gedanken an den Tod völlig ausblendet.
   c. Wie können Sie durch Ihren Glauben dem Tod ins Auge sehen?

Die Angst aufdecken

1. Lesen Sie Johannes 14,1–3.
   a. Welches Gebot gibt uns Jesus (Vers 1)?
   b. Welche Verheißungen gibt er uns in den Versen 2 und 3? Inwiefern nehmen uns diese Verheißungen unsere Angst?

2. Lesen Sie 1. Korinther 15,20–27.
   a. Wie wird hier der Tod dargestellt?
   b. Inwiefern kann dieser Text uns die Angst vor dem Tod nehmen?

3. Lesen Sie Hebräer 2,14–15.
   a. Wer hatte die Macht über den Tod? Wie hat Jesus sowohl ihn als auch den Tod vernichtend geschlagen?
   b. Wie können wir uns von der Angst vor dem Tod befreien? Warum macht diese Angst uns zu Sklaven?

Die Angst überwinden

Besorgen Sie sich eine Ausgabe von Robert L. Wises Buch „An der Schwelle zur Ewigkeit" und lesen Sie es. Welche Veränderungen bewirkt der Glaube an Jesus, wenn es um die Auseinandersetzung mit dem Tod geht?

Kapitel 11

Ein Leben voller Überraschungen

Die Angst vor dem, was kommt

Die Angst unter die Lupe nehmen

1. *„Wenn man das Leben doch nur genauso bestellen könnte, wie man sich einen Kaffee bestellt. Wäre es nicht schön, wenn man die Zutaten für seine Zukunft nach eigenem Geschmack und Ermessen mischen könnte?“*
   a. Beantworten Sie diese Frage.
   b. Wenn Sie die Zutaten für Ihre Zukunft selbst mischen könnten, was würden Sie hineintun?

2. *„Wenn Sie Ihr Vertrauen auf Jesus setzen, wird er seinen Geist vor, hinter und in Sie hineinlegen. Es ist kein fremder Geist, sondern derselbe Geist* [...]. *Alles, was Jesus für seine Jünger getan hat, wird sein Geist auch für Sie tun.“*
   a. Beschreiben Sie, wie Sie sich im täglichen Leben als Christ auf den Heiligen Geist verlassen.
   b. Warum ist es wichtig zu wissen, dass der Heilige Geist in unserem Leben genauso handelt, wie Jesus es tun würde?

3. *„Veränderung gehört nicht nur zum Leben dazu, sie ist ein notwendiger Bestandteil von Gottes Strategie. Um durch uns die Welt zu verändern, weist er uns neue Aufgaben zu."*
   a. Warum ist Veränderung ein notwendiger Bestandteil von Gottes Strategie?
   b. Hat Gott Ihnen auch schon einmal eine neue Aufgabe zugewiesen? Weist er Ihnen vielleicht im Augenblick gerade eine neue Aufgabe zu?

4. *„Was hier in diesem Leben keinen Sinn ergibt, wird im nächsten Leben sehr wohl Sinn ergeben."*
   a. Hilft es Ihnen zu wissen, dass das, was in diesem Leben keinen Sinn ergibt, im nächsten Leben sehr wohl Sinn ergeben wird? Warum oder warum nicht?
   b. Was ergibt in Ihrem Leben gerade keinen Sinn? Wie können Sie die nächsten Schritte gehen, auch wenn die Dinge gerade keinen Sinn ergeben?

5. *„Wenn wir davon ausgehen, dass es im Leben nur darum geht, glücklich zu sein, dann hat es schon allein wegen dieser grausamen Dinge seinen Sinn verfehlt. Aber was wäre, wenn dieses Leben nur der ‚Mutterleib' ist? Könnte es sein, dass diese Herausforderungen, so schwerwiegend sie auch sein mögen, nur dazu dienen, uns auf die zukünftige Welt vorzubereiten?"*
   a. Inwiefern könnte dieses Leben der Mutterleib sein? Glauben Sie, dass es so ist? Begründen Sie Ihre Antwort.
   b. Haben einige der Herausforderungen, vor denen Sie in Ihrem Leben bereits einmal standen, Sie für die zukünftige Welt vorbereitet? Erzählen Sie davon.

Die Angst aufdecken

1. Lesen Sie Johannes 14,16–18 und 26–27.
   a. Welches Versprechen gibt Jesus uns (Verse 16–18)? Inwiefern kann dieses Versprechen uns dabei helfen, die Angst vor dem, was kommt, zu überwinden?
   b. Welcher wichtige Zusammenhang besteht zwischen den Aussagen in den Versen 26 und 27? Warum hängt Jesu Friede vom Werk des Heiligen Geistes ab? Wie wirkt der Heilige Geist in Ihrem Leben?

2. Lesen Sie Prediger 3,1–8.
   a. Zählen Sie die Zeiten auf, die nach Aussage dieses Textes jeder Mensch durchmachen muss.
   b. Inwiefern hilft es uns, unsere Angst vor der Zukunft zu überwinden, wenn wir wissen, dass wir solche Zeiten durchmachen werden?

3. Lesen Sie 2. Korinther 5,17.
   a. Wie beschreibt Paulus jemanden, der „zu Christus gehört"?
   b. Was ist die Folge, wenn man zu Christus gehört? Inwiefern hilft das, die Angst zu überwinden?

Die Angst überwinden

1. Zählen Sie die Dinge auf, vor denen Sie sich in den vergangenen fünf Jahren am meisten gefürchtet haben. Wie viele dieser Ängste haben sich bewahrheitet? Was haben Sie alles verschwendet, als Sie sich vergebens Gedanken gemacht haben?
2. Machen Sie sich auf ein oder zwei Seiten darüber Gedanken, inwiefern die Schwierigkeiten und Probleme in diesem Leben Sie auf die kommende Welt vorbereiten.

Kapitel 12

Leise Zweifel

Die Angst, dass es Gott nicht gibt

Die Angst unter die Lupe nehmen

1. *„Während ich im Licht der Schreibtischlampe die Predigt noch einmal durchlas, fühlte sich die Botschaft von der Auferstehung plötzlich wie ein Mythos an und schien mir eher eine Legende zu sein als die wahre Botschaft des Evangeliums.* [...] *Ich erwartete schon fast, dass beim nächsten Umblättern von irgendwoher ein Flaschengeist oder die sieben Zwerge auftauchen würden."*
   a. Berichten Sie von einer Phase in Ihrem Leben, als Sie einmal angezweifelt haben, dass die Botschaft von der Auferstehung wahr sein könnte.
   b. Was scheint an der Auferstehung am schwersten zu glauben?

2. *„Das ist eine ermutigende Botschaft für alle Zweifler. Die ‚Berufsjünger' hatten ebenfalls Zweifel. Aber Jesus wollte sie mit ihren Fragen nicht alleinlassen."*
   a. Unter welchen Umständen wäre die Wahrscheinlichkeit am größten, dass Sie zum Zweifler werden?

b. Wie hat Jesus Ihnen geholfen, mit Ihren gelegentlichen Zweifeln umzugehen?

3. *„Was sollen wir mit unseren Zweifeln tun? Was antwortet er? ‚Fasst meinen Leib an und denkt über meine Geschichte nach.'"*
   a. Wie gehen Sie normalerweise mit Ihren Zweifeln um?
   b. Wie können Sie Jesu Leib anfassen und über seine Geschichte nachdenken? Warum hilft das, die Zweifel zu bekämpfen?

4. *„Jesus schenkt uns durch die Gemeinschaft Mut. Er zerstreut unsere Zweifel durch das Miteinander. Er gibt niemals einem einzelnen Menschen alles Wissen, sondern verteilt es wie Puzzleteile auf viele."*
   a. Wie schenkt Jesus durch Gemeinschaft Mut und vertreibt durch das Miteinander die Zweifel?
   b. Sind Sie in einer Gemeinde aktiv? Wie helfen Sie dort mit und wie bekommen Sie dort Hilfe und Unterstützung?

5. *„Was hat C. S. Lewis, diesen begabten, hochintelligenten, felsenfest überzeugten Atheisten, dazu bewegt, Jesus nachzufolgen? Ganz einfach: Er kam in Kontakt mit dem Leib Jesu, seinen Nachfolgern, und hörte seine Geschichte, die in der Bibel erzählt wird."*
   a. Wie hilft Ihnen der regelmäßige Kontakt mit anderen Christen, besser in den Spuren von Jesus unterwegs zu sein?
   b. Wie hilft Ihnen die regelmäßige Beschäftigung mit der Bibel, stärker im Glauben zu wachsen? Wie hilft es Ihnen dabei, die Angst zu bekämpfen?

Die Angst aufdecken

1. Lesen Sie Johannes 20,24–29.
   a. Warum hat Thomas den anderen Jüngern zunächst nicht geglaubt, dass sie Jesus gesehen haben?
   b. Wie kam es dazu, dass Thomas es doch glauben konnte?
   c. Warum sagt Jesus, dass diejenigen sich freuen dürfen, die nicht sehen und trotzdem glauben?

2. Lesen Sie Römer 10,17.
   a. Woher kommt nach Aussage dieses Verses der Glaube?
   b. Was bedeutet das in Bezug auf regelmäßiges Bibellesen und Bibelstudium?

Die Angst überwinden

Max Lucado schreibt: „*Vertiefen Sie sich doch das nächste Mal, wenn die Schatten des Zweifels kommen, in die alten Geschichten von Mose, die Gebete Davids, die Berichte der Evangelien und die Briefe von Paulus. Gesellen Sie sich zu anderen Nachfolgern und machen Sie täglich einen Emmaus-Spaziergang.*“ Deshalb:

1. Vertiefen Sie sich in der kommenden Woche in die biblischen Berichte, die die großen Taten Gottes und seine Liebe besonders deutlich zeigen.
2. Suchen Sie die enge Gemeinschaft mit anderen Gläubigen, die versuchen, ihm in seinen Fußstapfen zu folgen.

Kapitel 13

Und wenn es noch schlimmer kommt?

Die Angst vor weltweiten Katastrophen

Die Angst unter die Lupe nehmen

1. *„Das Leben ist ein gefährliches Unterfangen. Wir leben unsere Tage im Schatten bedrohlicher Realitäten. Es scheint, als liege die Macht zur Vernichtung der Menschheit in den Händen von Personen, die nur allzu bereit dazu sind."*
   a. Welche bedrohlichen Realitäten machen Ihnen am meisten Angst?
   b. Wie würden Sie sich fühlen, wenn Terroristen irgendwo in Europa einen Anschlag verüben würden?

2. *„Es war, als wollte Jesus seinen Jüngern sagen: ‚Dreht nicht durch, wenn schlimme Dinge passieren.'"*
   a. Haben Sie einen Plan, wie Sie persönlich auf schlimme Dinge reagieren wollen? Beschreiben Sie ihn.
   b. Was lernen Sie daraus, wenn Sie sehen, wie andere mit Schwierigkeiten umgehen?

3. *„Falsche Propheten versuchen immer, die Rolle von Jesus herunterzuspielen, und messen der Rolle der Men-*

schen zu viel Bedeutung bei. Nehmen Sie es mit der Lehre ganz genau. Halten Sie sich an die eine Frage: Weist der Redner seine Zuhörer auf Jesus hin? Lautet die Antwort ja, dann seien Sie dankbar und beten Sie für denjenigen. Lautet die Antwort nein, dann verschwinden Sie, solange Sie es noch können."

a. Warum locken falsche Lehrer die Menschen unweigerlich von Jesus weg? Worauf lenken sie meist die Aufmerksamkeit der Menschen?
b. Wie gut kennen Sie Jesus? Würden Sie es merken, wenn jemand ihn falsch darstellt?

4. *„Alle Dinge, die großen wie die kleinen, sind Teil von Gottes Plan und dienen dazu, dass sein guter Wille Wirklichkeit wird. Auch wenn es so scheint, als sei die Welt vollkommen außer Kontrolle geraten, dann ist sie das nicht."*
   a. Wie können schlechte Dinge Teil von Gottes Plan sein? Haben Sie diese Erfahrung schon einmal gemacht?
   b. Wie reagieren Sie, wenn Ihr Leben außer Kontrolle zu sein scheint? Welchen Rat würden Sie sich selbst in einer solchen Situation geben?

5. *„Am Ende wird alles gut werden. Wenn es nicht gut wird, ist es eben noch nicht das Ende."*
   a. Stimmen Sie dieser Aussage zu? Warum oder warum nicht?
   b. Inwiefern kann diese Aussage tröstlich sein und einem die Angst nehmen?

Die Angst aufdecken

1. Lesen Sie Matthäus 24,4–14.
   a. Wie oft ist in diesem Abschnitt von Täuschen und Irreführen die Rede?

b. Welche Rolle spielt dann die Kenntnis der richtigen Lehre beim Bekämpfen von Angst?

2. Lesen Sie Psalm 46,1–11.
   a. Welche Art von Angst wird in den Versen 2, 3 und 6 erwähnt? Was setzt der Psalmist dieser Angst entgegen?
   b. Wie können die Verse 8 bis 11 unsere Angst vor Katastrophen mildern?

3. Lesen Sie Psalm 27,1–10.
   a. Welche durch Menschen verursachten Katastrophen werden in den Versen 2–3 erwähnt? Wie reagiert der Psalmist darauf?
   b. Welches Vertrauen drückt der Psalmist in den Versen 5-10 aus? Woher nimmt er dieses Vertrauen? Was können wir von ihm lernen?

4. Lesen Sie Offenbarung 2,10.
   a. Welche Form von Leid wird manchen Christen hier vorhergesagt?
   b. Wie können diese Christen ihre Angst davor überwinden?
   c. Was verspricht Gott denjenigen, die ihre Angst überwinden und treu bleiben?

Die Angst überwinden

Schreiben Sie den nachfolgenden Satz auf ein Blatt Papier, und hängen Sie es an einen Ort, an dem Sie es oft sehen (an den Kühlschrank, in Ihr Auto, über Ihren Schreibtisch usw.): „Am Ende wird alles gut werden. Wenn es nicht gut wird, ist es eben noch nicht das Ende.“

Kapitel 14

Die einzige „gesunde“ Furcht

Die Angst, dass Gott nicht in meine Schublade passt

Die Angst unter die Lupe nehmen

1. *„Wenn es darum geht, Jesus zu beschreiben, liegen wir mit unseren Schubladen völlig daneben.“*
   a. In welche Schublade haben Sie Jesus schon versucht zu stecken?
   b. Warum ist es unmöglich, Jesus in eine Schublade zu stecken?

2. *„Der verklärte Jesus ist also Jesus in seiner reinsten Form. Es ist auch der Christus in seiner wahren Form, so wie er vor Bethlehem und nach der Auferstehung war.“*
   a. Warum ist der verklärte Christus der Christus in seiner wahren Form?
   b. Wie kann es Ihnen helfen, mit Widrigkeiten umzugehen, wenn Sie sich den verklärten Jesus vorstellen?

3. *„Jesus hat kein gleichwertiges Gegenüber. Es hätte nur ein Heiligtum errichtet werden sollen, weil nur einem von denen, die sich auf dem Berg aufhielten, diese Ehre gebührte.“*

a. Glauben Sie, dass Jesus kein gleichwertiges Gegenüber hat? Begründen Sie Ihre Antwort.
b. Nennen Sie eine Gelegenheit, bei der Gott klargemacht hat, dass Jesus über allen anderen zu ehren ist.

4. *„Aus Feuer wurde Furcht. Eine heilige, gesunde Furcht. Petrus, Jakobus und Johannes erlebten eine stärkende Furcht, eine Ehrfurcht vor dem einzig wahren Gott, die sie stark machte."*
   a. Welche Art von Furcht kann Sie in Ihrem Glauben stärken? Wie kann echte Ehrfurcht vor Gott Ihnen in Zeiten der Ungewissheit und Angst Stabilität geben?
   b. Welche andere Person, von der im Alten Testament berichtet wird, hat ebenfalls Feuer auf einem Berg erlebt? Wie hat das seine Sicht von Gott verändert? Wie hat es sein Leben verändert?

5. *„Wie lange ist es her, dass Sie zum letzten Mal diese Furcht verspürt haben? Wann hat zum letzten Mal ein ganz neues Verständnis davon, wer Jesus ist, Ihre Knie zum Zittern gebracht und Ihnen den Atem geraubt? Wann hat der Blick auf ihn Sie zuletzt sprach- und atemlos gemacht? Wenn es schon eine Weile her ist, dann erklärt das Ihre Ängste. Wenn unser Christus groß ist, sind unsere Ängste klein."*
   a. Beantworten Sie diese Frage.
   b. Warum werden durch einen großen Christus Ihre Ängste klein?

Die Angst aufdecken

1. Lesen Sie Matthäus 17,1–8.
   a. Warum wollte Jesus wohl, dass seine drei engsten Freunde ihn vor seinem Tod verklärt sehen?

b. Warum kann Furcht sowohl gesund als auch heilig sein? Woher kommt diese Art der Furcht? Was meinte Jesus damit, als er seinen Jüngern sagte, sie sollten keine Angst haben?

2. Lesen Sie 1. Timotheus 6,13–16.
   a. Was bedeutet es für Sie, dass Gott „in einem unzugänglichen Licht" wohnt?
   b. Welchen Eindruck sollen wohl die Verse 15 und 16 auf uns machen? Welche Art von Furcht löst dieses Bild aus und warum?

3. Lesen Sie 2. Petrus 1,16–19.
   a. Welchen Eindruck hinterließ die Verklärung bei Petrus?
   b. Welchen praktischen Schluss zieht er daraus (Vers 19)? Wie kann seine Anweisung uns zu einer heiligen, gesunden, hilfreichen Gottesfurcht führen?

Die Angst überwinden

Lesen und vergleichen Sie einmal genau die vier Berichte der Verklärung in der Bibel: Matthäus 17,1–8; Markus 9,2–8; Lukas 9,28–36 und 2. Petrus 1,16–18. Erstellen Sie eine Liste der Einzelheiten, die Sie dort finden. Denken Sie dann nicht nur über die Verklärung selbst nach, sondern auch darüber, welche Wirkung sie auf Petrus, Jakobus und Johannes hatte. Behalten Sie dabei folgende Aussage im Kopf: *„Schauen Sie lange und sehnsüchtig ins Feuer, auf den Heiligen, den Höchsten, den Einzigen. Wenn Sie das tun, werden all Ihre Ängste – mit Ausnahme der Furcht Gottes selbst – dahinschmelzen wie Eiswürfel in der Sommersonne."*

Schlussbemerkungen

Williams Psalm

Die Angst unter die Lupe nehmen

1. *„Die Angst liebt die Massenflucht."*
   a. Inwiefern ist Angst ansteckend?
   b. Wie können Sie vermeiden, sich anstecken zu lassen?

2. *„Wir sind die ängstlichste Generation, die je gelebt hat. Zum ersten Mal seit Ende des Zweiten Weltkrieges erwarten die Eltern, dass das Leben für ihre Kinder schlechter wird als für sie selbst."*
   a. Warum hat unsere Generation solche Angst?
   b. Erwarten Sie, dass das Leben für die nächste Generation schlechter wird als für Sie selbst? Warum?

3. *„Lassen Sie uns ruhig bleiben. Wir sollten Gefahren erkennen, uns aber nicht davon überwältigen lassen. Wir sollten Bedrohungen erkennen, uns aber nicht davon bestimmen lassen."*
   a. Erklären Sie, wie Sie Gefahren erkennen können, ohne sich davon überwältigt zu fühlen.

   b. Wie können Sie erreichen, dass Bedrohungen Sie und Ihr Verhalten nicht bestimmen?

4. *„Es reicht mit diesen Verzweiflungsschreien und dem Weltuntergangsgeheul. Warum sollten wir auf die Schwarzseher an der* Wall Street *oder die Miesmacher in der Zeitung hören? Wir werden unsere Ohren auf etwas anderes ausrichten: nach oben. Wir werden uns an unseren Schöpfer wenden, und weil wir das tun, brauchen wir keine Angst zu haben."*
   a. Was würde Ihnen beim Lesen mehr Hoffnung geben – die *Financial Times* oder die Bibel? Warum?
   b. Warum hilft es Ihnen, weniger Angst zu haben, wenn Sie den Blick auf Ihren Schöpfer richten?

5. *„Der Herr wird sein Volk nie verlassen. / Die Bibel ist sein Wort. / Der Herr ist ein guter Führer. / Der Herr, der dich liebt, / wird sein Volk nicht im Stich lassen."*
   a. Was bedeutet es für Sie, dass Gott Sie nie verlassen wird?
   b. Bei welchen Gelegenheiten hat sich Gott in Ihrem Leben als guter Führer erwiesen?

Die Angst aufdecken

1. Lesen Sie Sprichwörter 29,25.
   a. Was passiert nach Aussage dieses Textes, wenn man Menschen fürchtet?
   b. Was passiert, wenn man Gott trotz der eigenen Angst vertraut?

2. Lesen Sie Jesaja 8,12–14.
   a. Vor welchen Befürchtungen warnt Jesaja seine Landsleute?

b. Wovor oder vor wem sollten Sie sich lediglich fürchten?
c. Wie kann die richtige Furcht Ihnen helfen?

3. Lesen Sie Hebräer 13,5–6.
a. Warum sollen wir mit dem zufrieden sein, was wir haben?
b. Welches Versprechen gibt uns der Verfasser?
c. Wie sollen wir auf dieses Versprechen reagieren?

Die Angst überwinden

Denken Sie eine Woche lang mehrmals täglich über folgenden Vers aus der Bibel, den Gott selbst gesagt hat, nach: „Niemals werde ich dir meine Hilfe entziehen, nie dich im Stich lassen" (Hebräer 13,5). Verbringen Sie jeden Abend wenigstens zehn Minuten damit, Gott dafür zu loben, dass er sich Ihnen auf ewig verpflichtet hat.

Anmerkungen

Kapitel 1: **Warum haben wir Angst?**

1 *The Report Newsmagazine*, 22. Januar 2001, Candis McLean. Siehe: http://findarticles.com/plarticles/m_hb3543/is_2001/01/ai_n8359052?tag=content;col1

2 Wachsmann, Shelley: *The Sea of Galilee: An Extraordinary 2000 Year Old Discovery.* New York: Plenum Press, 1995. S. 326–28.

3 Brueggemann, Walter. „The Liturgy of Abundance, the Myth of Scarcity". In: *Christian Century*, 24.–31. März '99. http://www.religion-online.org/showarticle.asp?title=533.

Kapitel 2: **Die Bewohner von Stelzendorf**

1 Boteach, Rabbi Shmuley: *Face Your Fear: Living with Courage in an Age of Caution.* New York: St Martin's Griffin, 2004. S. 21.

2 Aus einer E-Mail von John Bentley an den Autor.

3 Aus einer E-Mail an *Women of Faith* vom 6. September 2008.

Kapitel 3: **Gott ist sauer auf mich**

1 Rodriguez, Ken: „History Keeps Digging Its Horns into Texas Receiver". In: *San Antonio Express-News*, 26. Oktober 2001.

[2] Miller, Calvin: *Into the Depths of God: Where Eyes See the Invisible, Ears Hear the Inaudible, and Minds Conceive the Inconceivable.* Minneapolis: Bethany House Publishers, 2000. S. 135.

Kapitel 4: **Not, verschwinde!**

[1] Redern, H. v., 1866–1935, Rechte: Hänssler Verlag, Holzgerlingen.

Kapitel 6: **„Hilfe, ich gehe unter!“**

[1] Wachsmann, Shelley: *The Sea of Galilee: An Extraordinary 2000 Year Old Discovery.* New York: Plenum Press, 1995. S. 39 u. 121.

[2] Lewis, Clive Staples: „Pardon, ich bin Christ“. Basel: Brunnen Verlag, 1977. S. 129.

Kapitel 7: **„In meinem Schrank ist ein Ungeheuer!“**

[1] Piven, Joshua und Borgenicht, David: *The Complete Worst Case Survival Handbook.* San Francisco: Chronicle Books, 2007. Dt. Ausgabe: „Das Survival-Buch: Überleben in Extremsituationen“. Berlin: Ullstein Taschenbuch-Verlag, 2000.

[2] Lucado, Max: *No Wonder They Call Him the Savior.* Nashville: Thomas Nelson, 2004. S. 105.

[3] Benoir, Pierre: „The Passion and Resurrection of Jesus Christ“. Übersetzt von Benet Weatherhead. New York: Herder and Herder, 1969. S. 10, zitiert in Bruner, F. D.: *Matthew: A Commentary. Bd. 2, The Churchbook: Matthew 13–28.* Dallas: Word Publishing, 1990. S. 979.

[4] Bruner: *The Churchbook.* A. a. O., S. 978.

[5] Martel, Yann: *Life of Pi.* Orlando: Harcourt, 2001. S. 60.

[6] Ebd.

[7] Wheler Bush, Robert: *The Life and Times of Chrysostomos.* London: Religious Tract Society, 1885. S. 245.

Kapitel 8: **Grausamer Planet Erde**

[1] Aus einer Unterhaltung mit Peggy Nelson, wiedergegeben mit deren freundlicher Erlaubnis.

[2] Colson, Charles: *Loving God.* Grand Rapids: Zondervan, 1983. S. 27–34.

[3] Luther, Martin: Ein feste Burg. 1483–1546.

[4] Boteach, Rabbi Shmuley: *Face Your Fears: Living with Courage in an Age of Caution.* New York: St. Martin's Griffin, 2004. S. 86.

[5] Bourevitch, Philip: *We Would Like to Inform You That Tomorrow We Will Be Killed with Our Families: Stories from Rwanda.* New York: Farrar, Strauß, and Giroux, 1998. S. 123.

[6] Lewis, Peter: *The Glory of Christ.* London; Hodder and Stoughton, 1992. S. 235.

[7] Solschenizyn, Alexander Issajewitsch: *The Gulag Archipelago, 1918–1956; An Experiment in Literary Investigation.* Engl. von Thomas P. Withney, New York: Harper Perennial, 2007. S. 309–312.

Kapitel 9: **Spielgeld**

[1] Mayko, Michael P.: „Stamford Man Faces Federal Charges in Bomb Threat". In: *Connecticut Post,* 9. Oktober '08. http://www.connpost.com/archive?vertical=archive.

[2] Brueggemann, Walter: „The Liturgy of Abundance, the Myth of Scarcity". A. a. O.

[3] Shah, Anup: „Poverty Facts and Stats". Nach Angaben der Weltbank 2008. http://globalissues.org/article/26/poverty-facts-and-stats.

[4] Carlyle, Thomas: Quote World.org. http://www.quoteworld.org/quotes/2411

[5] „The Politics of Investing", „Leading the Way: A Publication of Hartford Leaders Suite of Variable Annuities", 3. Quartal 2008.

[6] Russell, Bob: „Favorites of Bob Russell", CD. Louisville, Kenntucky: South Christian Church, 2005.

Kapitel 11: **Todesangst**

[1] Bloesch, Donald G.: *The Last Things: Resurrection, Judgement, Glory.* Downers Grove, Illinois: InterVarsity Press, 2004. S. 125.

[2] Ebd.

[3] Blanchard, John: *Whatever Happened to Hell?.* Wheaton, Illinois: Crossway Books, 1885. S. 63.

[4] http://de.wikiquote.org/wiki/Letzte_Worte#R

[5] Shakespeare, William: *Hamlet, Prinz von Dänemark.* 1603, dritter Aufzug, 1. Szene, Hamlets Monolog. Nach einer Übersetzung von August Wilhelm Schlegel. http://de.wikipedia.org/wiki/Hamlet#Zitat:_Hamlet-Monolog_III.2C1.

[6] Wright, N. T.: *Christian Origins and the Question of God, Vol. 3. The Resurrection of the Son of God.* Minneapolis: Fortress Press, 2003. S. 205–206.

[7] Browne, Benjamin P.: *Illustrations for Preaching.* Nashville, Tennessee: Broadman Press, 1977. S. 85.

Kapitel 12: **Leise Zweifel**

[1] Yabroff, Jennie: „Take the Bananas and Run". In: *Newsweek,* 18.–25. August 2008, S. 57.

[2] Nicholi, Armand M., Jr.: *The Question of God: C. S. Lewis and Sigmund Freud Debate God, Love, Sex, and the Meaning of Life.* New York: Free Press, 2002. S. 84–92, 111–114.

Kapitel 13: **Und wenn es noch schlimmer kommt?**

[1] Bourke, Joanna: *Fear: A Cultural History.* Emeryville: Shoemaker and Howard, 2005. S. 195.

[2] Zarrella, John und Oppmann, Patrick: „Pastor with 666 Tattoo Claims to Be Divine". 19. Februar 2007, CNN.com: http://www.cnn.com/2007/US/02/16/miami.preacher.

[3] dcTalk/The Voice of the Martyrs: „Jesus Freaks". Asslar: Gerth Medien, 2009. S. 168, 186, 137.

[4] *Global Evangelization Movement: Status of Global Mission, 2001, in Context of 20th and 21st Centuries. Worldwide Persian Outreach.* http://www.farsinet.com/pwo/world_mission.html.

[5] Collins, Jim: *Good to Great: Why Some Companies Make the Leap ... and Others Don't.* New York: Harper Collins, 2001. S. 83–85.

[6] Bruner, F. D.: *Matthew: A Commentary, Vol. 2. The Churchbook: Matthew 13–28.* Dallas: Word Publishing, 1990. S. 878.

[7] Broad, William J.: „Scientists' New Findings Link Titanic's Fast Sinking to Rivets". In: *San Antonio Express-News*, 15. April 2008.

[8] Bernard, Dorothy: *The Quotations Page.* http://www.quotationspage.com/quote/29699.html.

[9] Bruner: *The Churchbook.* A. a. O., S. 847.

Kapitel 14: **Die einzige „gesunde" Furcht**

[1] Howard, Thomas: *Christ the Tiger.* Philadelphia: J. B. Lippincott, 1967. S. 10.

[2] Davis, Ellen F.: *Getting Involved with God: Rediscovering the Old Testament.* Cambridge, Massachusettes: Cowley Press, 2001. S. 102–103.

[3] Lewis, C. S.: „Die Chroniken von Narnia – Prinz Kaspian von Narnia". Moers: Brendow Verlag, 2002. S. 120.

Schlussbemerkungen: **Williams Psalm**

[1] Bourke, Joanna: *Fear: A Cultural History.* Emeryville: Shoemaker and Hoard, 2005. S. 232–233.

[2] Furedi, Frank: *Culture of Fear Revisited: Risk-taking and the Morality of Low Expectation.* New York: Continuum Books, 2006. xviii.

[3] Ebd., S. 68.

[4] Ortberg, John: „Das Abenteuer, nach dem du dich sehnst". Asslar: Gerth Medien, 2002. S. 152.

[5] Pruett, Greg: President's Blog. Pioneer Bible Translators. 27. Februar 2008. http://www.pioneerbible.org/cms/tiki-view_blog_post.php?blogld=2&postld=9.